お客様を選ぶから お客様から選ばれる 癒やしサロン 美容サロンの成功バイブル

ビューティサロン成功案内人
嶋えりか（中小企業診断士）

BAB JAPAN

はじめに

「どうすれば、サロンの経営がうまくいくのか……」

これは、サロンオーナーの永遠のテーマだと思います。

あなたは、あなたのサロンで提供している商品・サービスに惚れ込んで、それを1人でも多くのお客様に体験してほしいと思い、サロン経営を始めたのだと思います。

あなたのサロンで、疲れたお客様が癒やされたり、きれいになりたいお客様が美しくなったり、痩せたいお客様がスッキリしたりされるのをいつも目にしていることでしょう。そんなお客様から「ありがとう。このサロンに来てよかった」と言ってもらえることがうれしくて、日々、サロンで施術にも励んでいるのだと思います。

しかし、サロンの経営は簡単ではありません。

今、この本をご覧になっているあなたは、それを実感しているのではないでしょうか。「この商品・サービスさえあれば、お客様は途絶えることがないと思い込んでいたのは幻想だったのかもしれない……」と、戸惑う気持ちでいるかもしれません。

それは、あなたが取り扱っている商品・サービスが、よいものではなかったということではありません。実は、どんなにイイ商品・サービスでも、「お客様から選ばれるしくみ」がないと、お客様には購入してもらえないのです。

世の中には、経営がうまくいく方法、商品・サービスが売れるノウハウ、集客の手法などの情報があふれています。インターネットで検索すれば、誰もが簡単に入手できるので、あなたも何かしらを試してみたことがあるのではないかと思います。でも、インターネット上の誰が書いたのかわからない断片的な情報を鵜呑みにして、あなたのサロンで実行するのは、たいへん危険なことだと思います。

その一方で、マーケティング（お客様から選ばれるしくみ）に関する良書は、たくさんあります。しかしながら、そのどれもが難しく、あなたのサロン経営にどのように取り入れていけばいいのか、ピンとこないまま読み終えてしまうことも多いでしょう。

今わたしは、マーケティングが専門の経営コンサルタントとして、年間300件以上、経営者や個人事業主の方から経営に関するご相談を受けています。日々、ご相談者と向き合ってコンサルティングを行う中で、経営に悩むサロンオーナーの多くが、同じようなことに悩み、解決法を知りたいのだということに気がついたのです。

それは、「お客様から選ばれるしくみ」の全体像の理解と、そのしくみ1つひとつをどうやって実際に自店で活用すればいいのかということです。

そのことを、誰もが簡単に理解できるわかりやすい言葉で伝えたら、皆さんはサクサク実行して、グングン結果を出していけるのです。

こうした理由から、わたしは、ビューティサロン成功案内人として、サロン経営を成功に導くバイブルをつくろうと決意しました。それが本書、「お客様から選ばれるしくみ」が描かれている「サロンの未来地図」のつくり方と、その実践について記した本です。

わたし自身、2015年に独立したとき「自分のビジネスの未来地図」をつくりました。わたしが紆余曲折《うよきょくせつ》を経てつくりあげた未来地図を、今、あなたにわかりやすい言葉と事例とで、ていねいにお伝えしたいと思います。

あなたのサロンの経営のバイブルとして、この本がお役に立つことを祈っています。

CONTENTS

第2章　新規のお客様はあなたが選ぶ

第3章　「またこのお店に来たい！」をつくるサロンのしかけ

第4章　利益を2倍にするのに、2倍がんばらなくていい

第5章　サロンを成長発展させる経営者がしていること

第１章

「サロンの未来地図」を持っていますか？

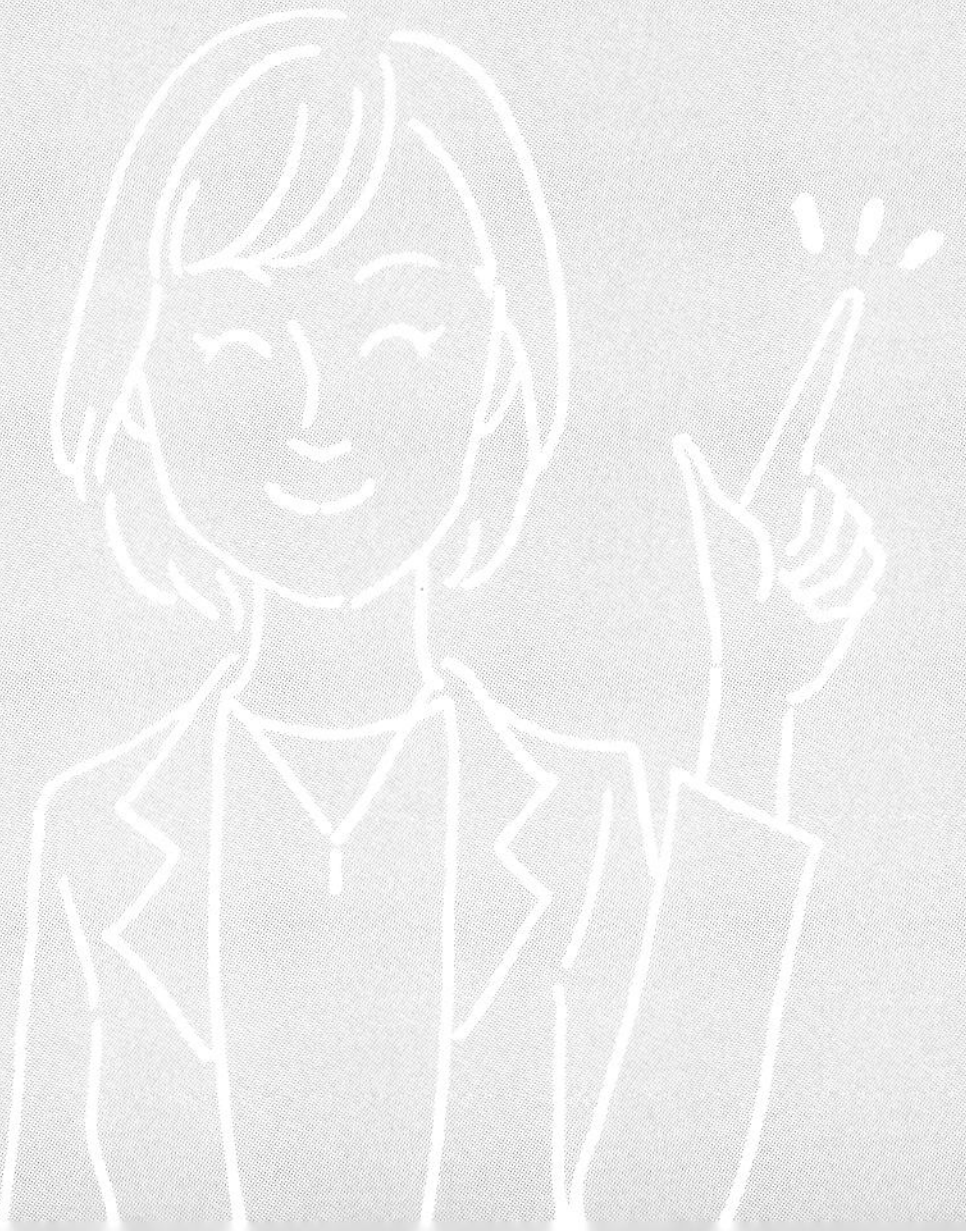

「サロンの成功」へたどり着くには「地図」が必要

人は、右も左もわからない場所へ行くとき、必ず地図を持っていきます。

あなたがサロンの成功を目指したいと考えているなら、同じように地図を持つことをおすすめします。

サロン経営の成功にたどり着くための道しるべ、それが「サロンの未来地図」です。**「サロンの未来地図」は、「お客様から選ばれるしくみ」が描かれています。あなたがその地図を見ながらサロンを経営すれば、あなたが望む成功を手に入れることができるという魔法の地図です。**

では、サロン経営の成功とはどのようなものなのでしょうか。サロンのオーナーは、それぞれ自分が思う成功の姿があるはずです。ですから、「サロンの未来地図」は、あなたが思い描いている成功にたどり着けるように、あなた自身でつくる必要があります。

未来地図は、次の４つの要素からできています。

①目的
②誰の
③何のために
④何をどうする

これら4つのステップを、1つずつ明確にしていくことにより、あなたがこれからサロンを経営するときに出てくるであろう、悩みや問題を解決するヒントが得られるのです。

この地図にしたがってサロンを経営していけば、あなたのサロンには、お客様が次々と来店し、売上・利益がグングン伸びていきます。

今は、イイ商品や品質の高いサービスを提供していれば売れるという時代ではありません。お客様は自分の悩みの解消や、願望を叶えてくれる商品・サービスを求めています。

言い換えれば、あなたのサロンの商品やサービスが、たとえ超一流でなかったとしても、あなたが提供するものとお客様の求めるものとがピッタリ合えば、お客様に購入してもらえます。お客様があなたの商品・サービスと出会い、購入し、気に入ってくれる。これを実現するのが「サロンの未来地図」なのです。

サロンの未来地図に必要なもの

まず、あなたがサロンの成功を目指している過程で、今、何を一番成し遂げたいと思っていますか？　それを実現すれば、あなたが目指しているサロンの成功に一歩近づく、というものはなんでしょうか。それが、サロンの未来地図の「目的」になります。

思考でも行動でも、まずは「到達したい状態」を明確にしないと、わたしたち人間は動くことができません。ですから、**未来地図の第一歩は「目的」を設定することから始めます。あなたがサロンを経営していく中で、その「目的」を達成するために、どんなお客様に働きかけをしていくのか。その働きかけは、そのお客様の何のためなのか？　それが「誰の」「何のために」です。そして、具体的な働きかけが「何をどうする」になります。**

わたしがサロンのオーナーからよく受ける相談は、「ブログやインスタをがんばって更新しているけれど、売上につながらない」「ショップカードとパンフレットをつくって配布しているが、お客様が来店しない」というものです。「何をどうする」に関する質問が

圧倒的に多いのです。それに対してわたしが確認することは、SNS更新や、販促ツールの作成、配布という行動の「目的」は何かということ。そしてその行動は、「どんなお客様の、何のために」していることなのかを確認します。

このように、**サロン経営の問題の解決は、「目的」と「誰の」「何のために」を明確にしてから、「何をどうする」について考えていくことが基本なのです。**

下の図では、「目的」から「誰の」と「何のために」に矢印が向いています。これは、「お客様の何のために」を考える際に、最初に設定した「目的」が、非常に大きな影響を与えるから。そして「誰の」「何のために」が互いが一体となり、明確になって初めて、「何をどうする」という具体的なお客様への働きが実現するということを、表しています。

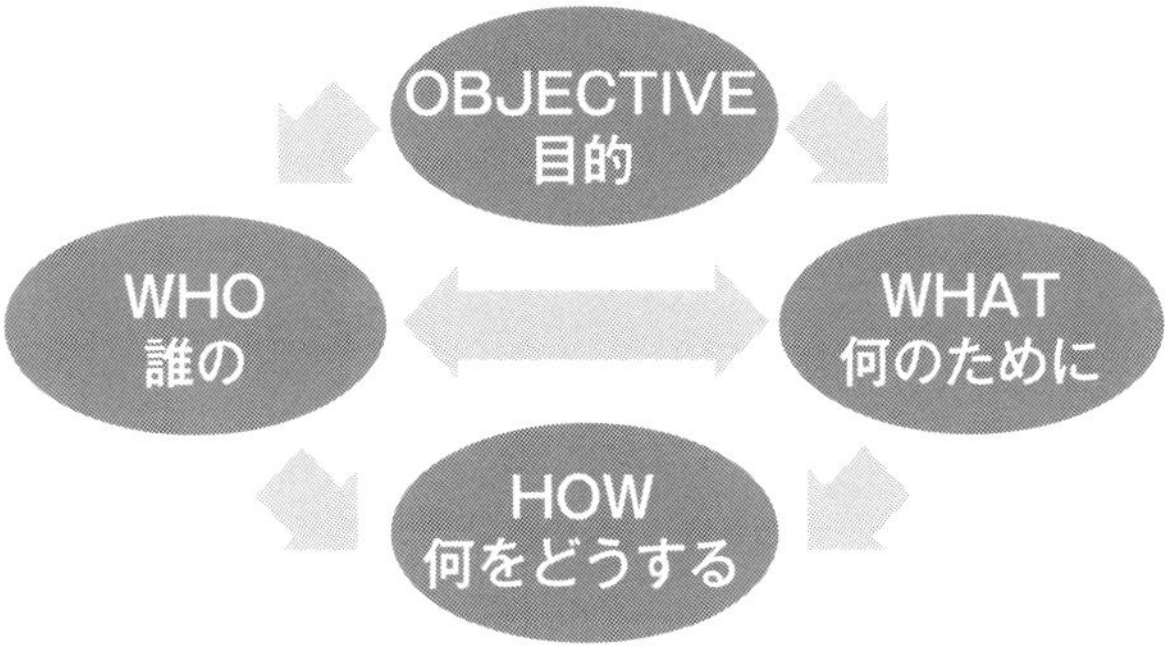

あなたがサロンを始めたきっかけは何ですか？

未来地図をつくる前に、最初に考えていただきたいことがあります。このことで、未来地図がグンとつくりやすくなります。

まず、**あなたがサロンを始めようと思ったきっかけを思い出してください。**

わたしは今、数多くのサロン経営のコンサルティングを行っていますが、ビューティサロンに興味を持ったのは、父親との関係性がきっかけです。わたしは北陸の街、金沢で生まれ育ちました。美しい自然、趣ある街並み、きれいな空気、美味しい食べ物、そして美人がとても多い。そんな街で高校卒業までの18年間を過ごしました。

両親に大切に育ててもらい、感謝していますが、実は、わたしには育った環境の中で芽生えたコンプレックスがありました。わたしの父は、子どもに関わることが余り得意ではなく、とても美醜にうるさい人でした。「あんな容姿はみっともない」などと、美醜に対する意見や批判を常に聞かされ、いつのまにか「美しくなければお父さんに好かれない」

という思い込みが強烈に刷り込まれていったのです。そして残念なことに、わたしはいつも日焼けして黒く、身体も肥えて、顔にはニキビが花を咲かせていました。

高校を卒業して、大学進学のために上京すると、美しくなるために人一倍努力をしました。毎週エステに通い、月に一度は美容院に行き、ネイルも常にきれいにして、評判の化粧品やサプリメントには飛びつきました。

大人になって、さまざまなメンタルトレーニングを行ったので、今はもう父の呪縛からは解放されていますが、美に対する意識の高さ、ビューティサロンへの興味、関心は、消えることはありませんでした。

さて、あなたはいかがですか？

きっかけを思い出すには、あなたの半生を振り返ることになります。「お客様から選ばれるしくみ」を考えるうえで、まず、あなた自身のことを深掘りすることは、とても重要な意味があります。

それは、「今、自分は何のためにサロンをやっているのか」という「使命」にも考えが及んでくるからです。

自分は何のためにその仕事をするのか

もう少しだけ、わたしのことについて話しますね。

わたしは、２０００年に中小企業診断士の資格を取得しました。中小企業診断士というのは、経営コンサルタントの唯一の国家資格です。

わたしは大学を卒業するころから、「将来は経営コンサルタントになって活躍したい」という思いがありました。まずは、企業経営の基礎を習得したいと思い、一般企業に就職して、20代の4年間、努力を重ねてようやく資格取得を果たしました。

その後、コンサルティング会社に転職しましたが、企業経営をコンサルティングすることのたいへんさを身をもって知り、自分には能力がないとあきらめた時期もありました。

しかし、いろいろな方との出会いがあり、２０１５年にマーケティングを専門とした経営コンサルタントとして独立を実現したのです。

しかしながら実際のところ、マーケティングを専門としている経営コンサルタントは、掃いて捨てるほどいる中、どうやって仕事を獲得していくのか……。そこで、「中小企業診断士としての自分自身の存在意義」を明らかにしようと思いました。

まず、仕事をするうえで、わたしが大切に思うことを改めて考えてみました。会社員時代は、「継続できること」「給料が高いこと」「楽しいこと」などを大切に思っていました。「会社は自分に何をしてくれるのか」ということが重要で、会社や組織に依存する受け身な考えの持ち主でした。しかし、自分1人で稼いでいかなくてはいけない環境を半年ほど過ごし、会社員時代のような考え方では、とうてい仕事は続けられないということを思い知らされました。そしてさまざまな経験から、自分の心のあり方が仕事の結果をつくるということに気がついたのです。

その結果、**わたしが仕事をするうえで大切にしていきたいトップ3は、「信頼関係」「本質の特定」「価値の提供」**だということが明確になりました。そして、このことをベースにして、自身の仕事の存在意義を次のように定義しました。

「優れた感性でビジネスに取り組んでいるビューティサロンなどの経営者の方と、強固な信頼関係を構築します。そして、〝お客様のハッピーを読み解く〟ことで問題の本質を特定、その解決策をともに実践することを通じて、〝お客様から選ばれる必然〟をつくり、ビジネスを成功へ導くことを使命とします」

あなたのサロンの使命とは

人は、他人に貢献できることから自分の存在意義を見出します。

あなたが自信をもって、お客様に提供できるものは何でしょうか。あなたの仕事でお客様が喜びを感じてくれること、それこそが、あなたのサロンが存在する意義であり、お客様に対してあなたのサロンが果たすべき使命です。

サロンの存在意義を確認するには、あなたのサロンならではの特徴や強みに注目します。

まずは、以下の項目で考えてみてください。

技術力はどうでしょうか？　お客様にどんな技術を提供できますか？

その技術を支え、強化する、環境、設備、機器はどのようなものがありますか？

接客に自信はありますか？　接客する際に気をつけていることは何でしょうか？

接客を得意とするのは、あなたのどのような性格によるものでしょうか？　接客に向いている理由は？

そんな技術力や接客力を、どんなお客様に提供できますか？

技術力や接客力によって、そのお客様にどのような成果や結果を提供できますか？

これらを考えることであなたのサロンの強みがわかり、その強みによって、お客様にどんな満足感や幸福感を与えられるかがはっきりしてきます。強みはあなたの持っている「資源」ととらえることができます。

あなたはサロンに来るお客様に、自分の資源をもってして、商品やサービスを提供します。これらによってお客様の悩みや問題が解決したり、理想や願望が実現したりすれば、お客様はあなたに感謝し、笑顔を見せてくれるでしょう。

こうしたサロンの使命を見つけたら、あとは未来地図があれば、途中どんな障害があっても、迷わずに成功という名の目的地にたどり着けます。

これから未来地図をつくるあなたには、サロンの使命を言葉にしてほしいと思います。

あなたが、**「○○のようなお客様に、当店の△△を提供することを通じて、お客様に□□になっていただくことが使命です」と断言することが、サロン経営を成功させるための基礎の確立ともいえます。**経営の土台でもある使命を、自分の言葉で持ち、使命に忠実に経営できれば、この先サロンに問題が起こったとしても、必ず解決策が見つかります。

「目的」を設定する

あなたがサロンの成功を目指している過程で、まずは、今一番成し遂げたいと思っていることは何ですか？　それを実現すれば、あなたが目指しているサロンの成功に一歩近づくというものです。

たとえば、今はまだ売上が十分ではない場合は、「今より月10万円売上をアップしたい」などになるでしょう。売上はある程度あるけれど、利益が残らないという場合は、「まずは、利益を捻出する」となるかもしれません。

ほかにも、「サロンの知名度を向上させたい」「紹介客以外のお客様に来店してほしい」「新しい商品を購入してくれるお客様を増やしたい」など、サロンの経営状況に応じて、さまざまな実現したいことがあると思います。

あなたが今すぐ実現させたいこと。それが、未来地図の「目的」になります。

物事に取り組むときには、必ず目的があります。たとえば、あなたが今ダイエットをし

ていて、食事制限や痩せる運動に取り組んでいるとします。がんばって、今より5kg痩せたいと思っています。なぜダイエットをしているのでしょうか？

「急激に太ったことで、洋服が入らなくなったから」という理由だとしたら、ダイエットの目的は「洋服を着こなすため」です。

「自分の好きな彼から気に入られたいから」という本音があるとしたら、それがダイエットの目的です（この場合、あなたが5kg痩せてきれいになったとしても、好きな男性から気に入られなかったとしたら、目的達成とはいえませんが……）。

このように、同じ取り組みをしていても、人によって達成したい目的はさまざまです。まずは、あなたの達成したい目的を明確にしましょう。

たとえ、今の状況が、とても目的を実現できそうに思えなかったとしても、まずは目的を設定しなくては、次の一歩に進めません。このように、**あなた自身が目的をしっかりと言葉にして書き出すことが、未来地図づくりのステップ1「目的の設定」です。目的を設定し、着実にそこに近づいているという手応えを感じながら進めば、やがて必ず、あなたの成し遂げたいことは実現するでしょう。**

「誰の」
～理想のお客様を設定する～

あなたが、サロンに来てほしいと思うお客様を思い浮かべてみてください。

たとえば、「いつも笑顔が素敵な方」「感謝の気持ちを表してくれる方」「施術のほかに、店販商品もたくさん買ってくれる方」など、実際に来店するお客様とは関係なく想像します。そんなお客様が来店するとうれしいし、そんなお客様に商品やサービスを提供できることを、あなたは、なんて幸せなのだろうと思うでしょう。**未来地図では、あなたにとっての「理想のお客様」を自由に設定していいのです。**

「理想のお客様」については、次の部分について想像してください。

①年齢
②住んでいるエリア
③家庭（結婚・未婚・子どもなど）
④仕事

⑤年収
⑥性格
⑦興味・関心
想像なので、好きに設定できますが、もし、サロンのお客様の中に、すでに理想だと思えるお客様がいる場合、その方のことを、もっともっと自分好みにしてみてください。思い浮かべたら、紙に書き出してみましょう。

書き出したら、「理想のお客様」にぴったりだと思う名前をつけてください。

⓪青山みどり
①40歳
②東京都杉並区在住
③未婚（2年前に離婚・子どもなし）
④通販会社マーケティング部勤務
⑤年収600万円
⑥明るく、気さくな性格
⑦趣味は買い物・ゴルフ。アルコールに強く、飲み歩くのも好き
こうして、あなたの「理想のお客様像」ができました。

「誰の」
～理想のお客様の悩みと解決～

そして、ここからが重要です。**あなたが絞り込んだ「理想のお客様」は、今、何かに悩んでいませんか？** それを考えてみてください。

ちなみに、深刻な問題ばかりが悩みではありません。その人にとっては、いつの間にか解決することをあきらめてしまったようなことでも、悩みとして考えてみてください。

悩みがあるということは、同時にその悩みを解決したいと思うものですよね。では、**その人にとって、悩みが解決された理想の状態とはどんなでしょう？**

最初は、箇条書きで構いません。思いつくまま、できるだけたくさん、いろいろな角度から深掘りしてください。表面的なことだけではなく、その人が気づいていないか、または考えないようにしている深層心理をも、読み解いてみましょう。

青山みどりさん、40歳の場合。

悩み：肌のくすみ、シミ、化粧がのらない、下半身の冷え、むくみ、自分の年齢

理想：薄化粧、肌の艶感、仕事での昇給・昇格、素敵な男性とデート

あなたのサロンは、その人の「悩み」を解決して「理想の状態」に近づけることができます。悩みを持ったお客様が、あなたのサロンに来店して、商品・サービスを購入する。そして、理想の状態に近づくにつれ、お客様はあなたに感謝し、笑顔を見せるでしょう。

あなたは、そんなお客様になったつもりで、「悩み」「理想の状態」を、紙に書き出してみてください。そのとき、まさにそのお客様になったように、その人の心の言葉で書き出してみるとよいでしょう。その人になりきって、悩みや理想を考えることで、よりお客様について深掘りできるからです。

悩み「最近、肌がくすんできた気がするのよね。シミも目立つし。やっぱり40歳になると、昔とは違うわよね。なんか気が晴れないわー。前向きな人がうらやましい」

理想「最近、肌が明るくツヤツヤになってきて、毎朝鏡を見るのが楽しみ！　日焼けでできたシミも薄くなってきた気がするし。ファンデーションの厚塗りをやめたら若返ったかも。なんか彼氏をつくろうって気持ちになってきた！　仕事もがんばって幸せになるー」

あなたの「理想のお客様」の「悩み」と「解決された理想の状態」が書き出せたら、**未来地図づくりのステップ2「お客様の絞り込み」**は完了です。

「何のために」〜お客様に変化を与える〜

これから、未来地図づくりの中で最も重要な、3つ目のステップ「何のために」について見ていきましょう。実は、この「何のために」の完成度合いで、目的達成の結果がまるで変わってくるというくらい、「何のために」を明らかにすることは大切です。

あなたに1つ質問をしましょう。お客様の「何のために」、サロンを営んでいるのですか？「お客様の疲れを癒やすため」「お客様にずっときれいでいてもらうため」「お客様に幸せな気分になってもらうため」など、いろいろな答えが返ってくることでしょう。

前のページでは、あなたが絞り込んだお客様の、悩みとそれを解決した理想の状態を考えていただきました。そして、あなたのサロンでは、お客様の「悩み」を「理想の状態」に変えることができる、と伝えました。

あなたのサロンが「お客様に与えることのできる変化」に対して、お客様は「価値」を感じ、商品・サービスを購入します。これが、お客様が商品・サービスを購入する「本当

の理由」です。

お客様が感じる価値には、2つの側面があります。

1つは、商品・サービスを利用して得ることのできる効果や効用に見出すもの。サロンの場合、「髪がきれいになる」「肌が潤う」「体型が引き締まる」「疲れが癒やされる」といったものです。

もう1つは、商品・サービスを購入して、お客様の内面に生まれる感情や感動に見出すもの。「コンプレックスが解消して希望が湧き、毎日が楽しくなった」「きれいになった肌に自信が持てて気分が前向きになった」というように、お客様の気持ちに作用するものです。

ちょっと専門的な言葉になりますが、**効果や効用によってお客様に与える変化を「機能価値」、感情や感動を呼び起こすことでお客様に与える変化を「感情価値」と呼びます。**

機能価値と感情価値は、未来地図を使いこなすために、非常に重要な役割をします。ぜひこのキーワードを忘れないでくださいね。

次のページでは、この「お客様に与える変化」についてもう少し詳しく見て、「何のために」を、もっとはっきりさせていきたいと思います。

「何のために」～価値を明確にする～

あなたは、あなたの絞り込んだお客様が持っている悩みを、理想の状態に変えることができます。なぜなら、あなたのサロンでは、お客様に機能価値（商品・サービスの利用により得ることのできる効果・効用）と感情価値（商品・サービスでお客様が得る感情）を提供することができるからです。

未来地図づくりのステップ3「何のために」を考えることは、お客様に提供できる機能価値と感情価値を明確にすることでもあります。

機能価値や感情価値を深掘りすると、目的達成のための、さまざまなヒントが得られます。たとえば、お客様にアピールするときにどんな言葉を選べばよいか、お客様にどのようなメニューを提案したらよいかなどです。**「何のため」が明確になると、あなたが絞り込んだお客様が、あなたの商品・サービスを選ぶ際の「決め手」が何なのかが明らかになるのです。**

あなたの絞り込んだお客様に、サロンが提供できる機能価値と感情価値は、もらすことなく、紙に書き出していきましょう。

たとえば、ヘアサロンの場合を考えます。機能価値は、「カットで小顔になれる」「ヘッドスパで、疲労感や目のかすみがスッキリする」「白髪でも、きれいな発色のカラーリング」「寝てしまうほど気持ち良い、フルフラットのシャンプーベッド」などがあります。

一方、感情価値は、「小顔造作カットのおかげで、顔の大きさのコンプレックスがなくなり、毎日がイキイキ感じられて楽しい」「ちょっとくらい疲れても、フルフラットのシャンプーベッドでのヘッドスパは至極のひととき。がんばることに躊躇《ちゅうちょ》がなくなり、責任感や充実感が増している」などです。

脱毛サロンの場合。「体毛がスルっと抜ける」「施術後の肌がしっとり潤う」「ムダ毛の自己処理で肌を傷めない」「完全個室でプライベートが保たれる」などが機能価値です。そして感情価値は、「肌がツルツル、スベスベになったことで、ノースリーブや、素足を出す洋服にもチャレンジができた。自由で軽やかな気分を満喫している」「いつでもどこでも自分らしく振る舞えるようになった。結果として、自分の意見を堂々と主張することができる」といったことでしょうか。

さて、あなたのサロンが、お客様に提供できる価値はなんでしょう？

「何をどうする」〜4つの「P」で考える〜

未来地図づくりも、終盤に入りました。今、「目的」「誰の」「何のために」が明確になりました。未来地図の4分の3が仕上がった状態です。

家づくりでたとえると、新築の家が今まさにできあがった状態です。でも、その家に住むという目的を果たすためには、これから、テーブルやソファなど、家具を新しく購入して運び入れ、配置も考えなくてはいけません。このとき、この家に住む家族の特徴や人数、どんな住環境を求めているかによって、購入する家具も配置も全く異なってくるはずです。そのためには、何をどういう手順で進めていけばいいのか？　具体的な実行に関してのプランが必要になってきます。

未来地図づくりのステップ4「何をどうする」も、これと全く同じです。「何をどうする」とは、実際の具体的な実行プランを立てるステップになります。

あなたは、設定した「目的」を達成するために、理想のお客様（「誰の」）を絞り込み、

そのお客様があなたのサロンを選んでくれる「価値」（「何のために」）を明確にしました。

これから実際に、絞り込んだ理想のお客様に、商品・サービスを購入してもらい、長くおつき合いのできるお客様へと階段を上らせるように育てていきます。これをどのような手順で進めていけばいいのか、具体的な実行プランを考えていくのが、「何をどうする」になります。

そして、具体的な実行プランは、お客様の種類に応じて、「４Ｐ」の組み合わせで考えます。ちなみに「４Ｐ」とは、以下の４つの頭文字からそう呼ばれています。

Product……商品・サービス
Price……価格
Place……流通
Promotion……販売促進

絞り込んだ理想のお客様に価値を提供するため、この「４Ｐ」を具体的に考えて実行していくことが「何をどうする」になります。

「何をどうする」～ProductとPrice～

「Product（商品・サービス）」と「Price（価格）」で、メニューをつくることができます。あなたのサロンをまだ体験したことのない人たち、試してみようかと考えている人たち、お客様として来店してくださった人たちなど、お客様に応じて、ふさわしい価格を設定したメニュー（商品・サービス）を用意し、提供します。それを考えることが、未来地図づくりのステップ４「何をどうする」になります。

レストランを例にとって考えてみましょう。

あなたのサロンの近くに、素敵な店構えのフレンチレストランがオープンしました。「どんなお店なのだろう？　美味しいのかしら？」と思ったとしても、いきなりコース料理を予約して行こうという勇気は、なかなか出ないものです。

すると、たまたま昼時にお店の前を通った際、軒先で、「よかったら当店自慢のコンソメスープのお味見をされませんか？」とスープの試飲をさせてもらいました。美味しいと感じたら、近いうちに、まずは値段の手ごろなランチに行こうと思うかもしれません。

そして実際にランチを食べ、料理の味や店の雰囲気、接客などが気に入って初めて、夜のコース料理を予約してもいいかなと思うのが、一般的な感覚ではないでしょうか。

同様に、あなたのサロンの商品・サービスに興味がある、または、類似の商品・サービスと比較検討をしているというお客様がいます。そういったお客様には、まず商品を試してもらうことが必要です。ぜひとも「無料特典」を提供してください。

新規のお客様には、買いやすい商品を用意しましょう。価格も手ごろな「集客商品」を提供します。

リピートしてくださったお客様には、新規購入後、より価値を感じてもらえる「利益商品①」を用意するといいでしょう。このとき、あなたのサロンにもしっかりと利益が出るような価格設定をしてください。

そして、あなたのサロンと絆《きずな》ができているお客様には、懇意にしているからこそ「ぜひ欲しい！」と思ってもらえるような商品を用意しましょう。お客様にとって高い価値を感じることができて、あなたのサロンも利益が十分とれる価格設定の「利益商品②」を用意するとよいでしょう。

「何をどうする」～PlaceとPromotion～

「Place（流通）」は、「Product（商品・サービス）」と「Price（価格）」の組み合わせでつくった商品・サービスを、どうやってお客様に届けるかということです。店内で施術をしているというサロンでも、お客様の自宅に出張して施術をするというサービスが、あってもいいかもしれません。

　商品・サービスもいろいろ考えることができますから、お客様に提供する内容次第では、カタログ通販、インターネット通販、音声配信、動画配信など、さまざまな流通手段が考えられます。

「Promotion（販売促進）」は、商品・サービスをお客様に届けるためのサポートとなる取り組みです。あなたが、どんなに素晴らしい商品・サービスを準備して、お客様に届ける手段も整えたとしても、サロンや商品・サービスの存在を誰も知らなければ、集客はできません。

そこで、お客様に知ってもらうために、販売促進のツールを活用するわけです。販売促進のツールとは、たとえば、ホームページ、ブログ、SNS（フェイスブック、インスタグラムなど）、看板、チラシ、ダイレクトメール、メールマガジン、サロン通信などです。有料の広告媒体なども、販売促進の1つです。しかし、販売促進はお客様の特性や種類に応じて使い分けないと意味がありません。

たとえば、年齢層の高いお客様向けのサロンなのに、毎日インスタグラムに投稿しても、あなたが来てほしいお客様のうち、どれくらいの方がインスタグラムを見るでしょうか？また、新規客に来店してほしいのに、力を入れて活用している販促ツールが、固定客向けのものだったという事例もよくあります。

未来地図づくりの最後のステップ「何をどうする」は、絞り込んだ理想のお客様に対して価値を提供するために、商品・サービスの内容、価格、提供方法、そして販売促進の方法をどのようにするとよいか、しっかりと考えていくことが必要なのです。

お客様を育てる

「もっとたくさんのお客様に来店してもらいたい」

そのように考えるなら、まずは、お客様にあなたのサロンや、商品・サービスの存在を知ってもらう必要があります。

しかし、サロンの商品・サービスを全く必要としない人にアピールしたところで意味がありません。お客様になる可能性のある人は、今はサロンに行く必要を感じていないけれど、教えてあげると「必要かも」と思ってもらえる人。または、何らかの必要性を感じているけれど、どこのサロンに行けばいいかわからない人。こういった「未来のお客様候補」を「潜在客」と呼びます。

潜在客は、実際にお客様になる可能性の低い人から高い人までさまざまです。中でも、あなたのサロンの商品・サービスに興味がある、または、類似の商品・サービスと比較検討をしているという人は、見込みがありますよね。こうした人を「見込客」といいます。

見込客が一度でも商品・サービスを買ってくれたら、「新規客」になります。新規客が何度もリピートをしてくれると、「固定客」になります。

さらに、固定客の中でも、あなたのサロンと絆ができているお客様のことを「ファン客」といいます。ちなみに、「お客様の囲い込みをしましょう！」という言葉を聞いたことがあると思いますが、ファン客に対して囲い込みをする必要はありません。「囲い込みましょう」というのは、囲い込まないと逃げていくからです。

このように、**お客様には種類があります。そして、「潜在客→見込客→新規客→固定客→ファン客」というように、お客様を、階段を上らせるように育てていくことが、個人サロン経営の基本です。**これはとても重要なことです。

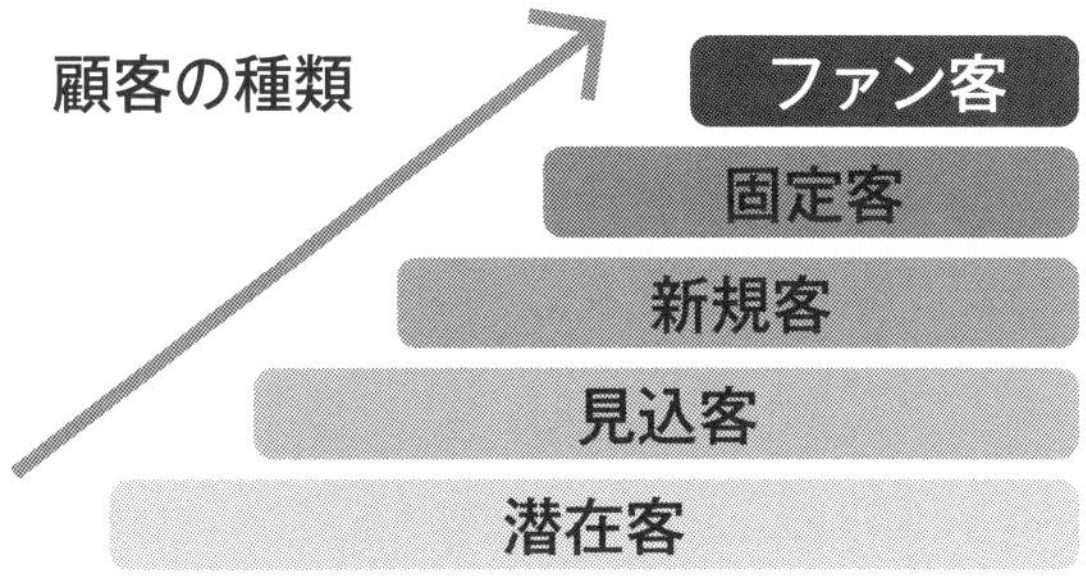

お客様を選ぶから、お客様から選ばれる

この章では、サロンの成功につながる未来地図のつくり方をお伝えしました。未来地図に設定した目的を達成するために、あなたは理想のお客様像を描きましたね。そのお客様は、あなたのサロンの商品・サービスを購入することで、お客様の理想の状態に近づいていきます。近づいていくと同時に、はじめは潜在客だったお客様が、見込客、新規客、固定客へと段階を経て、ファン客へと育っていくのです。

あなたがサロン経営を成功させるためには、お客様を、このように育てていくことが必要です。今の世の中には商品・サービスがあふれているために、個人サロンは埋もれてしまい、お客様は選んでくれない可能性があります。だからこそ、**あなたが提供できる商品・サービスがどのようなお客様に喜んでいただけるのかを明確に発信することで、お客様を選ばないといけないのです。**

たとえば、「髪がサラサラになるトリートメントです」とすすめられたとき、あなたが、

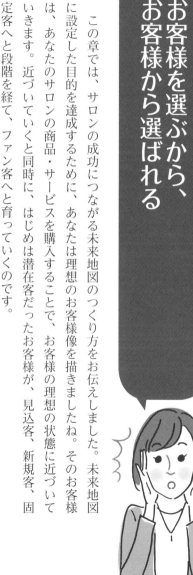

髪が硬い・太い・くせ毛という悩みを抱えているとしたら、「でも、わたしの髪では効果はないのでは」と思うかもしれません。一方、「毎朝のスタイリングに時間がかかっている人におすすめの、髪がサラサラになるトリートメントです」と言われたら、自分にも効果があるかもしれないと思い、試してみたいという気持ちになるはずです。

「誰もが癒やされるサロン」ではなく、「子育てをしながら働いているママのための、日常の疲れをスッキリさせるサロン」だとしたら、サロンを探していたママはもちろんのこと、日常の疲れをとる解決策に「サロンに行く」という選択肢がなかったママにも、あなたのサロンは選ばれる可能性があります。なぜなら、「サロンに行って疲れをとるということもできるのね」ということに、彼女が気づいたからです。

「理想の体型を実現する痩身サロン」ではなく、「自分の好きなお洋服をスッキリと着こなしたいあなたのための、理想の体型を実現する痩身サロン」だとしたら、痩せたいと思っている人のほかに、「最近何を着てもモッタリとして見えるのは、体型が変わってしまったから」とうすうす感じている人の目にも留まります。

お客様から選ばれるのを待っていてもお客様は選んでくれません。来てほしいお客様はあなたが選ぶのです。そして具体的な実行プランを行うことで、お客様をファン客に育てていきましょう。

お客様の見える世界を変える

今あなたは、山のふもとにいるとしましょう。そこから頂上に登ると、明らかに山のふもとにいるときとは、見える風景が違いますよね。山の頂上からは、遠くまで景色を見渡せ、ふもとにいるときには見えなかったものをたくさん目にすることができます。

お客様があなたのサロンに来店することで、あなたはお客様に同じような経験を提供することができます。**あなたが選んだお客様が、サロンが強みとする商品・サービスを購入します。そこで得られた変化のおかげで、まさに、山のふもとで見る景色と頂上で見る景色のように、世界が変わって見えるのです。**

爪が薄くて、割れやすいという悩みを持っているお客様の話をします。ネイルサロンで、爪を整えてもらい、きれいにカラーリングをしてもらったあと、仕上げにキラキラ輝くラインストーンをのせてもらいました。サロンに来る前とは全然違う自分の指先に、思わずウットリしてしまいます。

このお客様は、ネイルサロンで施術を受け、爪がきれいになり、気分が上がりました。では、お客様の世界の見え方は、来店前とあとでどのように変わったでしょうか？　来店前のお客様は、自分の爪に自信が持てず、人前に手を出すのが恥ずかしいと感じていました。しかし来店後は恥ずかしさがなくなり、指先がさらに美しく保てるよう、ネイルオイルやハンドクリームで、手のケアをするようにもなりました。その結果、人前でも手を出すことに積極的になり、周囲の人からは、「素敵なネイルね」とほめられることも増えました。「指先まで手入れが行き届いている、美意識の高い女性」として見られていることを感じられるようになりました。

こうして、お客様の自己重要感（自分という存在は、自分にとって一番重要なものだと感じること）が高まることで、これまでゆううつに見えていた世界が、輝かしく、幸せ感あふれる世界として立ち現れてきました。

このネイルサロンがお客様に提供した外見の変化と内面の変化は、この2つです。

外見の変化……爪だけでなく手までもがきれいになる。

内面の変化……自分に自信が持て、ウキウキと幸せを感じられる。

これらの変化は、30ページでもご紹介した、**機能価値（外見の変化）と感情価値（内面の変化）をお客様にもたらした**といえます。

お客様に長く愛されるサロンを経営するには

サロンの未来地図は、あなたが成功にたどり着くまでの欠かせないツールとなります。この未来地図をあなた自身がしっかりとつくり、それにしたがってサロン経営をしていけば、あなたが望む成功を手に入れることができます。

そして、あなたには、未来地図づくりの達人になってほしいと思っています。実は、**未来地図は、あなたのサロンの成長によって、1つまた1つと、つくり替えていくことが望ましい**からです。

未来地図の「目的」は、あなたがサロンの成功を目指している過程で、まずは「今一番」成し遂げたいと思っていることです。だから「目的」は2つ以上あることはなく、必ず1つです。あなたは「誰の」「何のために」「何をどうする」をつくり、それにしたがって具体的にお客様に働きかけを行うことで「目的」を達成していきます。目的を達成するたびに、あなたが目指しているサロンの成功に一歩近づくということになります。とても素晴らしいことです。

ただし、あなたのサロンには使命（20ページ）があるはずです。「○○のようなお客様に、当店の△△を提供することを通じて、お客様に□□になっていただくこと」という使命を、あなたのサロンはこれからも果たし続けていくのです。

とすると、今、未来地図にしたがってサロンの成功に一歩近づいたとしても、あなたには、さらに上のステップが見えているはずです。そして、そのステップに行くには、また新しい地図が必要なはず。だから、これまでとは別の、新しい未来地図をつくるのです。

サロン経営で思い描く成功の形は、人それぞれだと思います。けれど、個人サロンを経営する以上、まずサロンが多くのお客様に愛され、経営がしっかりと成り立っていることが土台にあるはずです。

それにはズバリ、まずは新規客に来店してもらい、そのお客様にリピートしてもらい、利益を獲得していくことです。**「新規客」「リピート」「利益」、この三大要素を伸ばすことを、未来地図を活用しながら実現することで、あなたは効率的にサロン経営の成功を手に入れることができるのです。**

サロン経営を成功に導いたコンサルティング事例1

1. 業態　メイクアップサロン

2. 相談者の状況と相談内容：

A子さんは、長年に渡り、複数の化粧品メーカーでの美容部員としての経験があります。メイクの技術力が高く、顔のコンプレックスを解消できる独自のメイク理論も確立しているとのこと。本業以外でも、撮影時のメイク施術や、メイク指導を行う機会にも恵まれているため、思いきって独立をしたいと相談に来られました。今後は、ブログやインスタグラムに、メイクアップ写真やメイク技術の投稿をしていき、一般消費者への個人メイクレッスンの受注を増やす方向性で行きたいとのことでした。

3. コンサルティング内容

A子さんは、「技術」や「モノ（化粧品）」を起点とした発想をする傾向が強いようでした。長年の美容部員としての経験から、化粧品販売、メイク技術が、最も重要な関心事であるのは当然です。しかし今後、独立して自分の力で稼いでいくということは、A子さん自身がお客様に選ばれることが必要です。まずは自身がお客様に共感して、お客様を起点にした考え方に変えていく必要があります。
「お客様に共感して、お客様を起点にした考え」で創業に向き合うために、A子さんには、次のことを深掘りしてもらいました。

対応策①お客様に対して、メイクアップという外見の変化以外に、どんな内面の変化をもたらすことができるのかを明確にする。（「サロンの未来地図」ステップ3「感情価値」）

対応策②メイク施術やメイク指導を通じてその価値を提供する際、どんなお客様が相手だと、A子さんの心が躍るのかを考える。（「サロンの未来地図」ステップ2「お客様の絞り込み」）

4. 結果

一般消費者に対してメイクレッスンをしていこうと思っていたA子さんでしたが、美容に携わっている人を対象顧客にしたいと、考えが変わったようです。

「わたしはこれまで美容部員として経験を積んできましたが、実は、化粧品やメイクが好きなだけで続けてきた気がします。振り返ってみると、化粧品を買いに来るお客様が好きという感覚は自分にはあまりなかったかもしれないのです。メイクレッスンをしたい理由は、理論と技術の両方をお客様に伝えて、その人が悩みを解消したり、理想の状態を実現できたりすることです。でも、前提として、その理論や技術に深い理解を示してくれる相手でないと、自分自身が楽しく感じられないと気づきました」

その後、A子さんは、「プロ向けのメイクレッスンのサロンを開く」という目的をもって「サロンの未来地図」づくりを始めることになりました。

～コンサルティング事例からのメッセージ～

自身のビジネスの対象顧客を見誤るということは、あり得ないように思えて、実際は誰にでも起こりうることです。特に、提供する商品・サービスが明確な人ほど、思い込みで対象顧客を設定しまう傾向があります。創業時など、自分1人で考えているとその間違いに気がつくことが難しいため、積極的に第三者の意見を聞くことをおすすめします。

第２章

新規のお客様はあなたが選ぶ

あなたのサロンをひと言で言うと？

サロンの新規客をもっと増やすにはどうしたらよいでしょうか。

既存のお客様が、あなたのサロンに知り合いを紹介してくれるかもしれません。ただ、いつ来るかわからない紹介客を、何もしないで待っているわけにはいきませんね。

「とにかく新規客を増やしたい」。そう思っているあなたの未来地図の「目的」は、「新規客を獲得する」となります。ではこれより、この目的を達成するために、未来地図を一緒につくっていくことにしましょう。でもその前に、あなたには、ぜひやってもらいたいことがあります。

あなたのサロンを、ひと言で表してみてほしいのです。「ヘアサロン」「脱毛サロン」「エステサロン」「リラクゼーションサロン」「ネイルサロン」……さまざまなサロンがありますね。「ヘアサロン」や「脱毛サロン」は、何をするところか一目瞭然ですが、「エステサロン」や「リラクゼーションサロン」の場合は、いったい何をするところなのかよくわかりません。

「ネイルサロン」の場合も、行ったことのない人にとっては「ネイルサロンとは、いったい何をするところなのだろう?」と思われても不思議ではありません。

「ネイルサロンが何をするところかわからない人に、来てもらいたいとは思っていません」というオーナーもいるかもしれません。でも、新規客を増やすには、潜在客、見込客を新規客にするしかないのです。そして、潜在客の中には、あなたのサロンに行く必要性をこれから感じる人も多くいます。そういう人たちに、「あ! このネイルサロンはわたしに必要かもしれない……」と気づかせてあげられたら、チャンスですよね。

あなたが、初対面の人に「どんなお仕事をされているのですか?」と聞かれたとき、どう答えますか?「エステサロンをやっています」と言うのと、「お顔やボディの肌質改善を目指すエステサロンです」とか、「理想のボディサイズをつくり上げる痩身のエステサロンをしています」と言うのとでは、相手の理解度が全く変わってきます。そして、人は、理解ができるものにしか興味を示しません。また、理解しやすい言葉にすることによって、今まで感じなかった必要性が掘り起こされるかもしれません。

あなたには、ぜひ「こんなことが実現できる、こんなサロンをやっています」と言える準備をしておいてほしいと思います。

あなたは肩書を持っていますか？

まだあなたのことをよく知らない潜在客、見込客には、ひと言であなたが何者なのかを伝えると、あなたのことやあなたのサロンへの理解がより深まります。

肩書きとは、「何をしている人」かがわかるだけではなく、「何を提供できる人」「何を得意としている人」なのかを、ひと言で他者に伝えるためのものにもなります。

とすると、「美容師」「エステティシャン」「ネイリスト」という肩書きでは、何をしている人かはわかっても、何が提供できるのか、何を得意としている人かまではわかりませんよね。星の数ほどいる「美容師」「エステティシャン」「ネイリスト」の中で、あなた自身のことをアピールするには、あなたの強みを言語化する必要があるのです。

20ページの「あなたのサロンの使命とは」で考えた強みをあなたの肩書きに活かしてみませんか？　ほかにも、自分では当たり前と思っていることが、あなたならではの強みである場合などがあります。

そこで、試してほしいのが、あなたの仕事をよく知る仲間やお客様に、あなたの強みを直接聞いてみるということです。仕事仲間には、「わたしのサロン、商品・サービス、わたし自身について、わたしならではの強みや特徴は何だと思いますか？」と聞いてください。答えが返ってきた際には、「具体的には？」「どんなときに？」「他と比べてどう違う？」などと、さらに深掘りしてください。

お客様には、「当店を選んでいただいた理由を、３つ教えてくださいませんか？」と聞いてみてください。

この答えを知ることで、他者があなたのことをどのようにとらえているのかが、よくわかると思います。そして、あなたならではの特徴や強みが明確になるでしょう。

たとえば、技術的な強みが特にないと思っていた美容師さんの場合、施術前後に行うカウンセリングで、お客様が困りごとを解決できて喜んでいることに気がつきました。その結果、「髪のお悩み解決カウンセラー」という肩書きをつくったそうです。これまでの、普通に施術をするだけの美容師から、今まで以上にカウンセリングに力を入れ、お客様の髪の悩みを積極的に解決できる美容師への進歩を実現できたそうです。

肩書きは、お客様に対して自分の強みをアピールできるだけでなく、自分自身の仕事を進化させる力もあるのです。

「理想のお客様」の意味

お客様のことは、「潜在客→見込客→新規客→固定客→ファン客」と、階段を上らせるように育てていくことが、個人サロン経営の基本です。潜在客、見込客が新規客へと階段を上るのは、「わたしのためのサロン！」と思ったときです。

あなたのサロンには強みや特徴があり、それによってお客様に満足感や幸福感を与えることができます。でも、潜在客や見込客は、あなたのサロンの強みや特徴が、自分のために役立つことをまだ知らないわけです。だから、「お客様の悩みを解決するには、こんな方法があります」「理想の状態は、このように実現できます」などと教えてあげなくてはいけません。

また、**いくら強みを持っていても、あらゆる人に満足感や幸福感を与えることはできませんよね。「こんな……悩みを持っている人」「こんな……理想の状態を求めている人」に対して、あなたのサロンはお役に立てるはずです。**ですから、どんなお客様があなたのサ

ロンに来ることがあなたにとって理想なのかを、「サロンの未来地図」のステップ2では、「理想のお客様」として設定をしました（24ページ）。

ところが、理想のお客様については、年齢や仕事のような表面的なことはぼんやりと想像できるのだけど、その人の「悩み」や「理想の状態」までは、なかなか出てこないという方が多くいらっしゃいます。

その場合、こんなふうに考えてみてはどうでしょう。あなたが学生時代、同じクラスの異性のことが好きで、その人とおつき合いをしたいと思っているとします。その人にも、自分に関心をもってもらい、自分のことを魅力的に感じてもらえれば、おつき合いができるかもしれません。そのために、あなたは相手のことを一生懸命考えると思うのです。

たとえば、その人が何かに悩んでいて、あなたがその悩みの解消に一役買うことができるなら、きっとそのように働きかけをするでしょう。また、相手がどんな状態のときに、最高にハッピーなのかを察して、そのような状態になるよう思いやりのある言葉をかけたり、行動したりすると思います。

新規客の獲得も、これと同じです。あなたも潜在客や見込客のことを深く理解しようと考えてください。あなたが、こんな「悩み」や「理想の状態」をもったお客様に来てほしいと思うから、そんな「理想のお客様」があなたのサロンを選んでくれるのです。

お客様のプロフィールを9つの分野で考える

新規客に来店してもらうためには、「理想のお客様」のことを深く理解することがポイントです。そのヒントとなるのが「理想のお客様」のプロフィールです。

ここでは24ページで絞り込んだ理想のお客様像を、再度あげてみます。

⓪青山みどり　①40歳　②東京都杉並区在住　③未婚（2年前に離婚・子どもなし）

④通販会社マーケティング部勤務　⑤年収600万円　⑥明るく、気さくな性格　⑦趣味は買い物・ゴルフ。アルコールに強く、飲み歩くのも好き

理想のお客様のことを考えるうえでは、「仕事」「お金」「住まい」「持ち物」「食べ物」「体験」「知性」「美容・健康」「人間関係」の9つの分野から眺めてみることをおすすめします。これらは、わたしたちが生きていくうえで欠かせないものです。この9つの分野の中

で、あなたがお客様に貢献できる分野は何でしょう？　それを考えてみてほしいのです。思いつかなければ、理想のお客様と同じような年代の女性主人公のドラマを見たり、マンガや小説を読んだりして、生活や考え方からヒントを得てもいいでしょう。年齢が同じ有名人をインターネットで検索し、ブログなどを読んでみてもいいかもしれません。

「悩み」や「理想の状態」は、たとえばあなたのサロンがヘアサロンだったとしても、髪の毛のことばかりではありません。あなたが髪の毛の悩みを解決することで、お客様はコンプレックスから解放され、新しいことに挑戦したくなるかもしれないし、そこでの人間関係の幅も広がるかもしれません。

この9つの分野でプロフィールを考えるから、髪の悩みに留まらない、お客様の人生像も見えてくるのです。あなたが、髪の毛以外にもお客様に貢献できることが、9つの分野にはあるはずです。

理想のお客様の「理想の状態」は、何回かサロンに通ってくれて、お客様の望みが実現したときに、あなたにどんな感想を言ってくれているのかを想像すると見えてきます。そして、「サロンに来る前は、あんなだったのに……」とお客様がサロン初来店時のことを思い返して言った言葉は何かも想像してみてください。それが、お客様の「悩み」です。

理想のお客様の「ひとり言」を想像する

９つの分野から、理想のお客様像として設定した「青山みどりさん」に対して、あなたはどんな貢献ができるのか、「悩み」と「理想の状態」を、みどりさんになったつもりで考えてみましょう。みどりさんの「ひとり言」で表現することがポイントです。

【悩み】

「鏡を見るたびに、くすんでいる自分の肌にがっかりするわ。日焼けのせいでできたシミもどうにかならないかしら」（美容・健康）

「仕事で結果を出さなきゃいけないのに、なんかやる気がでないっていうか、しんどいわー」（仕事）

「食生活もできれば自炊したいけど、毎日帰ってくるとぐったりなのよね。結局スーパーのお惣菜で済ませているし、アルコールもちょっと飲み過ぎよね」（食べ物）

「あんなにハマっていたゴルフも最近全然行けていないし」（体験）

【理想の状態】

「最近、気持ちが前向きになってきたわ。仕事もがんばろうって思えてきたし」（仕事）

「この前、会社の後輩がわたしに、ファンデーションは何を使っているのかって聞いてきたのよね。なんかうれしかったわー」（美容・健康）

「でも、エステサロンのお姉さんのアドバイスのおかげで、食生活が改善されたのが要因かもね。ありがたいわー」（食べ物）

「エステのお姉さんは、知り合い以上友達未満でしがらみがないから、気兼ねなく本音が話せるのがいいのよね」（人間関係）

「この間ゴルフコンペで知り合った男性のことなんかも相談にのってくれるし。海外ドラマの感想とか、他愛もない話もできるし。ストレス発散になるから1つ趣味ができたっていう感じね」（体験）

こうして、**理想のお客様の「悩み」と「理想の状態」が明らかになって初めて、あなたのサロンが「お客様に与える変化」を、潜在客、見込客に対して発信することができる**ようになるのです。

潜在客、見込客を新規客に育てる「魔法の言葉」

これからあなたのサロンのお客様になる、潜在客、見込客に来店してもらうには、まずサロンを知ってもらうのでしたね。サロンの存在をアピールする方法はいろいろとありますので、その発信方法などはのちほど具体的にお知らせします。ここでは、「言葉」についてお話ししたいと思います。お客様にどのような言葉で伝えれば、潜在客、見込客が1つ階段を上がり、新規客として来店してくれるのか、ということです。

ここで、30ページでお伝えした「価値」についてもう一度振り返ってみます。商品・サービスの購入により得ることのできる効果や効用が「機能価値」。また、商品・サービスによってお客様が得ることのできる感情や感動が「感情価値」でした。どちらも、あなたのサロンが「お客様に与える変化」であり、それこそが、お客様が商品・サービスを購入する「本当の理由」であるとお伝えしました。

潜在客や見込客は、あなたの商品・サービスを購入することで、どんな変化が得られる

のかをまだ知りません。新規客として来店していただくなら、潜在客や見込客に、「商品・サービスから得られる変化」を、機能価値と感情価値の両面から伝えることが大切です。

たとえば、「年齢を重ねるに連れて、ほうれい線や目の下のたるみが目立ってきていませんか？　当店では、美容鍼で肌の奥を刺激して、肌の活性化を実現し、若々しい印象に！これまで、鏡に映る自分にゆううつな気分になっていたのが、ウソのよう！　心が晴れ晴れして、何か新しいことにチャレンジしたい気持ちになれます」と宣伝します。ここでは、「ほうれい線やたるみの原因となった肌が活性化し、若々しくなる」変化が機能価値。「ゆううつな気分から、心が晴れ晴れする」変化が感情価値です。

もう1つご紹介しましょう。「抜け毛や、頭皮のトラブルが気になるあなた。当店の炭酸ヘッドマッサージは、シャンプーでは落ちない頭皮の汚れを一掃。血流改善により、育毛促進の効果があります。根元からふんわりボリュームの出た髪は、あなたのお顔の雰囲気を若々しく輝かせ、自信を取り戻すことができます」。「汚れていた頭皮がきれいになり、血流が改善、育毛が促進される」という変化が機能価値、「自信を取り戻すことができる」という変化が感情価値です。

前項の理想のお客様の「ひとり言」をふまえ、機能価値と感情価値、この2つを一緒に伝えることで、人は購買意欲をそそられます。

魅力的な商品・サービスを提示するには？

お客様は「商品・サービスから得られる変化」が欲しくてお金を払います。変化を欲しているお客様には、あなたのサロンの商品・サービスを、どのようにアピールすれば、購入につながるのでしょうか？

「悩み」があるお客様は、できれば今すぐに「理想の状態」になれたらいいと思うのが本音です。でも、それは現実的でないということは、お客様も理解しています。だから、**お客様が「理想の状態」にたどり着くまで、「商品・サービスを購入することで、階段を一段一段上るように変化を体感できる」とわかるよう、メニューを提示してあげましょう。**

あなたのお店の存在を知っていて、興味を持っていたり、比較検討をしたりしている見込客であれは、まずは試してみてもらいます。

それには、「無料特典」を活用するといいでしょう。あなたの施術をお試しで体験してもらう無料体験や、無料商品サンプル提供などはおすすめです。ヘアサロンなら頭皮診断、フェイシャルエステなら肌年齢診断、痩身サロンならボディサイズ診断など、各種無料診断もいいかもしれません。無料専門情報提供や、無料講座実施などもあります。まずは、見込客に試してもらい、あなたのサロンの良さを知ってもらうのです。そうすることで、見込客を、初めて購入してくれる新規客に育てることができます。

新規客には、買いやすい商品を用意しましょう。いわゆる「集客商品」といわれるものです。たとえばヘアサロンなら、初めてのところでカットするのは、なかなか勇気がいるものです。だから、まずはヘッドスパのような、新規客が手軽に購入できる商品を用意しておくのはよいことです。

そして、今日は購入しないけれど、このサロンに通い続けたら、自分の理想の状態に近づくかもと想像してしまうような商品・サービスを見せてあげることがとても重要です。

たとえば、ヘアサロンのメニューブックを用意しておきます。写真、スタッフやお客様のコメント付きのものを見せてあげてください。「コンプレックスのある顔型にぴったり合うヘアスタイル」、「トリートメントやスタイリング剤など店販商品で、より効果的な使用方法の紹介」などが掲載されていると、お客様も興味をもって見てくれます。ここのサロンで理想の自分になれるかもと思わせれば、新規客獲得です。

お客様があなたを信頼する理由

お客様の財布のひもは一様にかたいものです。たとえ魅力的な商品・サービスを提示したとしても、買わない理由を考えます。「期待どおりの結果が出ないかもしれない」「効果が続かないかもしれない」「別のサロンのほうが、わたしには合うかもしれない」「ほかに欲しいものがあるのに買えなくなるかもしれない」などなど。

だからこそ、**あなたは、「商品・サービスから得られる変化」の根拠（実績、資格、技術、お客様の声、権威の推薦など）をお客様にわかりやすく伝えなければなりません。**

あなたの実績については、できるだけ、施術人数、携わってきた年数など、具体的な数字で表してみてください。数字はごまかしがきかないので、お客様から信頼を得やすいのです。また、施術人数などにおいては、客数ではなく、施術ののべ人数で表すことで、数字を大きく見せられる効果もあります。

資格は偽りのないものですので、積極的に伝えてほしいところですが、２つ注意が必要です。まず、あなたの資格がプロレベルに達していない場合は、伝えるのはやめましょう。「英検三級の資格を持っている英語教師です」と言っているようなものです。英検三級レベルの先生に英語教師を名乗ってほしくないと普通は思いますよね。もう1つ、今のサロン経営に全く関係のない資格を持っている場合、それをお客様に伝えることのプラス面・マイナス面をよく考えてください。プラスになると考えるならいいのですが、その資格を伝えることで、あなたという人がぼやけてしまっては本末転倒です。「保育士の資格を持っています」という場合、客層が子連れ来店のママ世代なら信頼度も上がるでしょうが、キャリアウーマンの客層の場合、ピンとこない印象を与えてしまいます。

技術力については、「以前のサロン勤務で修得した技法に、独自性をプラスしただけのものなので……」とおっしゃる方がいますが、技術力は書き方次第です。どんな独自性のある技術なのかを具体的にいうことで、あなたの信頼性が高まるかもしれません。

お客様の声は、お客様の直筆のひと言やアンケート結果が見せられると、より効果的です。権威の推薦は、資格認定校や、有名な方からの推薦文などがあると、権威者からお墨付きがあるサロンなのだと認識してもらえる効果が高まります。

このように、**「商品・サービスから得られる変化」の根拠をしっかりと表すと、初めてのお客様も安心して来店できます。**

お客様にサロンを知ってもらう方法

ホームページ

今あなたは、お客様を絞り込んで、お客様が欲しいと思える商品・サービスを準備しました。サロンをひと言で説明することができるし、肩書きもあります。お客様が商品・サービスから得られる変化の根拠も伝えることができます。

これから、未来地図の最後のステップ「何をどうする」（具体的な実行プラン）を活用して、潜在客や見込客にあなたのサロンを知ってもらい、新規客になってもらう働きかけについて考えていきましょう。ここでは、「Ｐｒｏｍｏｔｉｏｎ（販売促進）」で、潜在客や見込客にアピールしていく方法を見ていきます。

販売促進のツールは、世間にいろいろありますが、インターネットを使った定番といえば、ホームページ、ブログ、ＳＮＳ（フェイスブック、インスタグラムなど）でしょう。

ホームページは、お客様から検索エンジンや他サイトからのリンクで見つけてもらう必要があるので、潜在客や見込客に有効なツールかというと、実はそうでもないのです。ただ、あなたのサロンに興味を持ったお客様が、インターネット上で検索したときに、今の時代、あなたのサロンのホームページが出てこなかったらどうでしょう？　なんとなく信頼できないサロンだと思われてしまってもしょうがありませんよね。

あとでお伝えする広告媒体で、サロン情報がすでに詳細に掲載されているページがあるとしたら、それで代替することもできます。しかしながら、サロン経営をしていることを第三者にしっかりアピールするためにも、できることなら自店のホームページは持つことをおすすめします。

ホームページを準備するときのポイントは、「理想のお客様が見やすいものであるか」ということです。「わたしのためのサロン情報がのっている。知りたい」と思ってもらわなくてはいけません。だから、お客様にとって、視覚的、感覚的に違和感があるようではダメなのです。せっかくつくっても、見てもらえないということになってしまいます。

専門業者にお願いしてホームページをつくったというオーナーからよく聞くのは「出来上がりのイメージが、想定していたものとずいぶん違っている」という戸惑いの声です。これは、仕事を依頼する際、理想のお客様像をしっかりと伝えていないことが要因の1つでもあります。**ホームページ制作業者とも「サロンの未来地図」を共有して、理想のお客様にとってぴったりなホームページをつくってください。**

お客様にサロンを知ってもらう方法

ネット販促ツール

インターネットを使った販売促進のツールの1つに、Googleマイビジネスがあります。インターネットの代表的な検索エンジンの1つであるGoogleで、サロン名などを検索すると、検索結果画面の右側にサロンの基本情報、写真、地図が表示されますよね。Googleマイビジネスとは、その情報を登録・管理できるサービスです。Googleの検索結果に、住所、電話番号、営業時間、訪問数の多い時間帯、写真、口コミなどサロン情報を無料で掲載できるのです。

お客様はサロンを探すときに、「地域＋キーワード」で検索することが多いので、そういった検索に対応する準備として、Googleマイビジネスは必ず登録してください。ロゴや外観写真、店内写真なども登録できるので、潜在客や見込客が、あなたのサロンの雰囲気や提供しているサービスを確認することができ、来店につながる可能性があります。

ほかにも、無料で始められる販促ツールとしてブログがあります。サロンを経営してい

るオーナーには、ぜひともブログは開設してほしいと思います。

ブログは、読む人に役立つ情報が掲載されていることがポイントです。あなたは未来地図づくりで、理想のお客様を絞り込みました。そしてその人の「悩み」「理想の状態」も明確にしました。あなたがブログで行うことは、その絞り込んだ理想のお客様に対して、その人の心に響くことを書き綴ること。もちろん、最終目的は、あなたの商品・サービスに興味を持ってもらい来店してもらうことです。だからこそ、お客様に必要かもしれないと気づかせ、商品・サービスの存在を教えてあげることを、ブログで発信するのです。

インターネットを使った販売促進としては、SNS（フェイスブック、インスタグラムなど）も活用できるツールだと思います。

しかし、フェイスブック、インスタグラムを使用している利用者層には偏りがあります。実際、平成生まれの人たちには、フェイスブックは馴染みの薄いSNSです。ですから、**あなたが来店してほしいお客様が、そのツールを使用している層であるかどうかの見極めが重要になってきます。ここでも、お客様の絞り込みがポイントになってくるわけです。**

お客様にサロンを知ってもらう方法
チラシ、ダイレクトメール

販売促進のツールには「お客様主導」のものと「店舗主導」のものがあります。

「お客様主導」は、お客様が自分から情報を取りにいくもので、前ページの、ホームページ、Googleマイビジネス、ブログ、SNSなどがそれにあたります。

「店舗主導」は、サロンが決めたタイミングでお客様に情報を提供し、伝えるものです。たとえば、チラシ、ダイレクトメール、新聞・雑誌広告、メールマガジンなどで、お客様は自分の意思に関係なく、情報を受け取ることになります。ここでは、潜在客や見込客にあなたのサロンを知ってもらう「店舗主導」について見てみることにしましょう。

チラシは、たとえばポスティングや新聞折り込みなどでお客様の手元に届きます。ただ、このチラシの反応率は、1000枚配布して1人程度の来店だと思っていてください。3人が反応して来店したら上出来というくらい、チラシでの反応率はシビアです。

そこで最近、効果的な販促ツールとして注目されているのが、「宛名なしダイレクトメー

ル」です。潜在客や見込客の名前や住所がわからなくても、「○○地域にお住まいの方へ」といった形で、指定エリアに届けるというものです。郵便局や宅配業者が行っています。ただし、専門業者は潜在客、見込客の郵便受けまでは情報を届けてくれますが、届いた販促ツールが、捨てられずに開封してもらえるように工夫をするのは、あなたです。

チラシでもダイレクトメールでも、たとえばA4サイズのチラシを三つ折りにして、そのままポスティングや、透明ビニールの封筒に入れたダイレクトメールをお客様に届けるとしましょう。三つ折りのチラシを開いてもらう、透明ビニールの封筒から出してもらうには、ちょっとした工夫が必要です。

それは、**お客様の目が留まる面に、試してみたいと思わせる「特典」を提示することがポイントです。これだけで、開封率が上がります。**

「ダイエットの成果はマシンの性能で決まります！　今だけ！　おなか・二の腕・ヒップ……気になる1カ所の痩身無料体験実施中！」

「梅雨の前に、髪質診断を無料で実施しています！　あなたの髪質にぴったりあった湿気対応トリートメントも無料進呈中」

こういったコピーが開封しなくても見えるところに書かれていれば、お客様は気になって、開けてみたくなるのです。

お客様にサロンを知ってもらう方法

サイン（のぼり旗）

マンション内のサロンや、2階以上のテナントに出店しているサロンの場合、潜在客や見込客に店舗を見てもらう機会はめったにありません。だからといって、路面店の場合も、外観からは何の店かわからないということは、実際によくある話です。

店舗前を行き来するお客様に、あなたのサロンの存在を知ってもらうために、のぼり旗や看板などのサインを有効活用してもらいたいと思います。

のぼり旗とは、長方形の縦長の布を棒にくくり付けた表示物です。あなたが知らない土地で空腹のとき、「手打ちそば」「イタリアンランチ」などののぼり旗を見つけると、思わず店内に入ってしまうことがあるでしょう。風にはためくのぼり旗が、通行人の目を引き、潜在客、見込客の集客につなげてくれるのです。

決して、「サロンの店頭にのぼり旗なんて不向き」だと決めつけないでください。わたしが相談を受けたマッサージサロンの事例があります。

人通りの多いオフィス街の、交差点の角にある路面店で、入口も広い店にも関わらず、客足が伸び悩んでいました。試しに、店の前に「ふくらはぎ専門マッサージ」というのぼり旗を数本立ててもらったところ、その後、新規客が増大したのです。オフィス街に営業に来ていた営業職の人、近くのオフィスに勤務しているOL、近所のタワーマンションに住んでいる方が、交差点を通行したときに気がついて予約をしてくれたのです。そして新規客は、次々とこう言ったそうです。「いつも交差点を通っていたけど、ふくらはぎ専門店とは知らなかった」と。

このように、交差点の角に何かの店があるのは気がついているのですが、その店がいったい何の商品・サービスを提供しているのか、通行人は意外とわからないのです。

前述のマッサージサロンも、入口の自動ドアに文字シートなどを貼り付けて、店舗名やメニューをアピールしていたつもりでした。しかし、ドアサインは、お客様が店舗に入る直前に見るものなので、潜在客や見込客にアピールするには弱かったのです。

このように、のぼり旗の活用も検討してみてほしいと思いますが、のぼり旗は、色あせ、ほつれ、破れなどの劣化に注意が必要です。古びて汚れたのぼり旗をそのまま出していては、かえって逆効果になってしまいます。常に清潔な状態を保つように心がけてください。

お客様にサロンを知ってもらう方法

サイン（看板）

潜在客や見込客にアピールするサインとして有効なものの1つが看板です。

袖看板（建物壁面や支柱から突き出している看板）や、壁面にパネルを設置する場合は目立ちますが、費用が高額になってしまいます。比較的安価に設置できるのは、ウィンドウサイン（窓ガラスに文字シートや写真などを貼ったもの）や、A型看板（店舗の入り口に設置されるスタンド看板や立て看板）といったものではないでしょうか。

ちなみに、**お客様にとって「物理的に見える」ということと、「脳がちゃんと認識できる」ということは違います。**ですから、看板を出したからいいというものではありません。通行人の中で、潜在客や見込客に「ここにこんなサロンがあるのね」と認識してもらえるために何に気をつければいいか、考えてみましょう。

ここでは、手軽に書き換えが可能なA型看板の事例で見てみます。

まずA型看板には、必ずあなたのサロンをひと言で説明してください。「女性専用！

オールハンドのフェイシャル&ボディマッサージ」「自爪を元気に美しく保つ！　ネイルケア&カラーリングの店」など。何をしている店なのかを見る人にわかってもらうためです。

そして、メッセージを書いてください。これは、日替わりで書き換えるくらいの意気込みで、あなたの理想のお客様に語りかけてください。

「猛暑が続きますが、冷房でカラダの冷やしすぎには注意してくださいね。冷え改善には、温めとツボ押しが効果的です！　本日と明日、夜の時間帯に予約可能です」

もちろん、初回来店特典と、集客商品（お客様が買いやすい商品）のメニューも忘れずにのせてください。

ほかには、店内写真やスタッフの顔写真などを看板に貼り付けると、安心感を与えます。サロンのホームページに誘導するQRコードや、持ち帰り用のチラシやメニュー表は看板に設置してくださいね。来店促進につながります。

そして最後に必ず記載してほしいのが、「今すぐこちらからご予約ください！」という看板を見た人に、次にどんな行動をすればいいかというひと言と、サロン名・担当者名・電話番号・LINEのIDなどです。

ちなみに、サロン名が英語の場合は読めませんので、読み方を認識して覚えてもらえるように、カタカナでサロン名を記載してください。

お客様にサロンを知ってもらう方法

広告媒体

「ホットペッパービューティー」「楽天ビューティ」「ｉｓｐｏｔ」「イーパーク」「エキテン」などは、サロンにはおなじみの広告媒体ですね。中には、無料掲載ができるものもありますが、通常は、月額で固定費用や、成果が出たときに費用を支払います。

リクルート社の運営している「ホットペッパービューティー」などは、サービス開始から12年以上経っており、参画サロン数はヘアサロン、リラク、ビューティサロン併せて約9万店という規模です。リクルート社自体が広告宣伝に力を入れていますので、一般消費者も知らない人はほとんどいないような状態ができあがっています。

このような勝ち組の広告媒体は、魅力的に映りますよね。**しかし、広告媒体こそ、イメージで決めては失敗します。必ず「費用対効果」を見極めてほしいのです。**

気をつけていただきたいのは、同じ媒体でも、あなたのサロンがあるエリアでは、広告プランや掲載費用が異なる場合があります。必ず事前に、営業担当者から詳細な説明を受けてください。また、広告媒体にのせた際、お客様がエリアやキーワードで検索をしたときに、あなたのサロンが上位に表示されるかどうかで、集客の結果は大きく変わってきます。これを左右するのが広告プランであり、広告プラン次第で掲載費用が高くなるというしくみが一般的だと思います。

だからこそ、「その広告媒体で集客ができたときの『1人当たりのお客様にかかる費用』」は必ず計算してほしいと思います。集客の人数は、何パターンかで考えます。「パターン1 ここまで集客できたら満足の人数」「パターン2 期待している最低ラインの人数」「パターン3 全く集客ができていないレベルの人数」などです。たとえばこの3パターンで、あなたが納得のいく「費用対効果」であれば掲載を決断したらいいと思います。

最近では、「費用」という概念がないに等しいユニークな「口コミ応援サイト」も台頭してきています。ユーワード社の「HORBY（ホービィ）」は、初期掲載費用が2万円（税別）のみで、月会費1万円（税別）を払うと1万ポイントが返ってくるというしくみ。サイト内では、ポイントで購入できる商品・サービスが満載で、会員はそのポイントを使って積極的に他店（加盟店）を応援します。他店を応援（送客）すると報酬がもらえ、応援するから自店も応援（集客）されるというものです。他店との競争ではなく、互いに協力、応援しあって発展していくビジネスモデルは、たいへん画期的だと感じました。

お客様にサロンの価値を伝える方法
キャッチコピー

販売促進のツールや広告媒体はさまざまありますが、それらを活用していかにお客様の購買につなげるか。そのためには、**販売促進のツールや広告も、まずはお客様に「読ませる」ことが第一です。このときに参考になるのが「AIDAの法則」。これは、お客様の購買行動のプロセスを表しているものです。**

注意（Attention）
興味（Interest）
欲望（Desire）
行動（Action）

お客様の注意を引くためには、最初の接点が重要です。注意（Attention）とは、

お客様の注意を引き、内容を読ませるための「キャッチコピー」です。

未来地図で絞り込んだお客様には、「悩み」や「理想の状態」がありましたよね。「キャッチコピー」は、そこから考えます。たとえば、「顔の大きさにコンプレックスを感じているあなたに朗報です！」「出産後の体型は元に戻らないとあきらめるのは早すぎます！」など、深層心理を突かれてドキッとするような言葉が効果的です。

興味（Interest）は、お客様の「悩み」に焦点を当て、理想の状態が実現できない理由やいいわけなど、お客様の気持ちに寄り添うような言葉にしてください。お客様から「うんうん、わかるわぁ」と共感をもらえ、関心を寄せてもらうプロセスです。

欲望（Desire）は、お客様からその商品・サービスを買いたい！と思ってもらうプロセスです。機能価値や感情価値、同じように悩んでいた方も解決できた証拠（お客様の声）、今だけのお得な特典（無料特典）などを伝えます。

最後は、行動（Action）で、商品・サービスの購入につながる行動を促します。「今すぐこちらにお電話を」「こちらのボタンをクリックしてお申し込みください」などの言葉になります。このときに、数量限定、先着何名というような「限定性」、○月○日までの受付などの「期限つき」などを付け加えると、希少性を期限内に手に入れたいという心理が働くので、さらに効果的です。

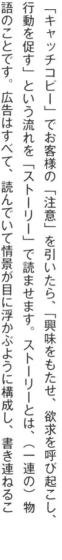

お客様にサロンの価値を伝える方法
ストーリー

「キャッチコピー」でお客様の「注意」を引いたら、「興味をもたせ、欲求を呼び起こし、行動を促す」という流れを「ストーリー」で読ませます。ストーリーとは、（一連の）物語のことです。広告はすべて、読んでいて情景が目に浮かぶように構成し、書き連ねることがポイントです。エステティックサロンの例でご紹介しましょう。

注意（Attention）

化粧がのらないのは、寝不足でも年齢のせいでもありません！

関心（Interest）

仕事に家事に子育て。もう毎日がバタバタで、最近は夜もゆっくり寝られない。朝も、荒れている肌や目の下のクマを見て、げんなり。時間もないし、鏡も見たくないから、化粧も適当。もう、いい歳だから、何をやっても仕方がないと、あきらめていませんか？

欲望（Desire）

あきらめるなんて、もったいなさすぎ！　あなたの肌の調子は、女性ホルモンの乱れによるもの！　当サロンでは、オールハンドのリンパマッサージで、リンパ節の詰まりを流して体内の老廃物を排出！　大量の汗とともに、日ごろの疲れをすべて出しきっていただきます。1回の施術で、見違えるほどお肌に潤いが戻り、あなたの心も軽くスッキリ。夏に向けてこれからの毎日が快適になること間違いありません。今なら、初回限定特典として、「カウンセリング」と「お試しデコルテ集中ケア」を無料で体験していただけます。

行動（Action）

完全個室で、施術のあともゆったりとぜいたくな時間をお過ごしいただくため、1日限定3名様までのご予約とさせていただいています。初回限定特典の期限は来月末まで。今すぐ、ご予約のお電話をください。

ストーリーは、未来地図で「誰の」「何のために」を明確にすることでつくれます。

サロン経営を成功に導いたコンサルティング事例2

1．業態　マッサージサロン

2．相談者の状況と相談内容

マッサージのサロンをオープンしたばかりのB子さん。頭・腕・背中・腰・下半身など部位別に、30分・60分・90分などの指圧マッサージを提供しています。オープン記念のチラシをポスティング業者に依頼して配布したそうですが、特に集客にはつながらなかったということで、相談に来られました。

3．コンサルティング内容

チラシを見た2件の予約連絡は、どちらも男性客からだったそうです。濃い茶色を基調としたチラシで、女性専用サロンのイメージが伝わりにくく、指圧のメニューが強調されたことが要因だと思われました。

実は、B子さんの強みは、お客様の本音を引き出すカウンセリング力。そして、一番売りたい商品は、精神的な疲れにも効果があるアロマを使ったマッサージだというのです。

では、なぜアロママッサージであることを前面にアピールしないのでしょうか？
確認すると、B子さんはアロマセラピストの資格を取得したのが最近で、アロマを使ったマッサージの施術経験が極端に少ないということらしいのです。その自信のなさが、メニューや販売促進のツールであるチラシに表れていたということなのです。

対応策①　新規客が購入しやすい集客商品は、B子さんが当初から考えていたとおり、指圧マッサージとすることにしました。ただし、指圧マッサージのお客様のときも、部屋にはアロマを焚いて、初回カウンセリングをしっかり行います。（「サロンの未来地図」ステップ４「Ｐｒｏｄｕｃｔ」）

対応策②　最も力を入れたいアロママッサージは、全身のメニューしかありませんでした。そこで、「パソコンで酷使した指・腕」や「ひざ下・足裏」などの部分的なアロママッサージのメニューを追加してつくることに。指圧マッサージのお客様にもオプション注文してもらえるようにしました。（「サロンの未来地図」ステップ４「Ｐｒｏｄｕｃｔ」）

対応策③　初回店舗での施術を体験済みのお客様には、出張対応も行うことにしました。（「サロンの未来地図」ステップ４「Ｐｌａｃｅ」）

対応策④　絞り込んだお客様の心に響くように、チラシをつくり直しました。チラシは、平日朝、最寄り駅で配布。店舗前には、A型看板のほか、「アロママッサージ」ののぼり旗でアピールしました。（「サロンの未来地図」ステップ４「Ｐｒｏｍｏｔｉｏｎ」）

4．結果

その結果、順調に新規客が増え、３カ月目には売上30万円が達成できました。

～コンサルティング事例からのメッセージ～

集客がうまくいかないのは、必ず原因があります。この原因の本質を見抜いて対策を打てるかがポイントになります。

第３章

「またこのお店に来たい！」をつくるサロンのしかけ

5Sは成功サロンの基本

お客様のリピート率が高いサロンは、掃除が行き届いて、いつ行っても気持ちの良い雰囲気です。

一方、サロンを訪問していて、最初は気にならなかったのに、徐々に店内の乱れが目につくということも、これまで何度も体験したことがあります。そういうときはたいてい、サロンかオーナー自身に、何らかの問題が発生していましたね。

サロン経営は、5S（「整理」「整頓」「清掃」「清潔」「躾《しつけ》」）が大前提です。これができないと、どんなに腕のよいサロンであっても、現状の売上・利益において、その上にいくことはなかなか難しいと思われます。

①整理　いらないものを捨てることです。過去1年に一度も使わなかったものは、サロン経営に必要ないものだと考えてください。

②整頓　決められた物を決められた場所に置き、いつでも取り出せる状態にしておくこと

です。これができれば、生産性が上がります。

③清掃　常に掃除をして、サロンを清潔に保つことです。特に、ホコリはすぐに溜まります。サロンの中の、あらゆる立体物に目を凝らしてみてください。こんなところに、と思うところにホコリや汚れがあります。

④清潔　きれいなだけでなく、お客様に心地よいと感じていただけるように継続することです。たとえば、サロンで使用するタオル。タオルの替えどきは、半年～1年です。洗濯乾燥後、手触りに少しでも違和感を覚えたら、そのタオルは寿命を迎えています。

⑤躾　決められたルール・手順を正しく守る習慣をつけます。ちなみに、お顔やボディの施術直前に、ベッドのそばのお客様の脱いだスリッパを揃え直すという行動をするサロンも多いのですが、これは清潔面でNG行為です。このように、間違った躾を受けて、長年の習慣が行動になってしまっている場合などもあります。気をつけてください。

提供している商品・サービスが、お客様と触れ合うことが基本だからこそ、サロン経営では、まずは5Sを徹底しないと成功できないことを肝に銘じてください。

でも、言い換えれば、**5Sが完璧な場合は、運気が上がり、確実にお客様のリピートが増えます。どうぞ、できるところから始めてみてください。**

リピートにつなげる自己紹介

初めてサロンに来店したお客様の気持ちというのは、期待がある反面、実はとっても不安なものです。これまで数多くのサロンを利用した経験のあるわたしですら、いまだに初めて来店するときは「この店に来て大丈夫だったかな?」といつもなんだか落ち着かない気分になります。

そして、たいていの場合、**初回訪問時の最初の印象が、次回以降の来店につながります。**

まず、最初に店舗にお客様を迎え入れた際、「いらっしゃいませ、こんにちは」などというあいさつをすると思いますが、このとき、あなたは自分の名前を名乗っていますか?「カウンセリング時、向かい合ったタイミングで自己紹介する」という答えをよく聞きますが、それではお客様に不安を与えてしまうことになります。まずは、サロン入口で名乗り、カウンセリング時に改めて自己紹介するといった、二段構えを実施してください。

サロン入口でお客様をお迎えしたときは、「鈴木様ですね。ようこそ、こんにちは。担当の◯◯です」とごあいさつをしましょう。もし、当日担当しない別のスタッフに対応してもらう場合は、「スタッフの△△です」と言ってもらってください。

お客様が入店したあとというのは、コートを預かったり、お部屋に案内したり、ウェルカムドリンクをお出ししたりと、結構な時間がかかるもの。この間、「駅からの道はわかりましたか？」「雨は大丈夫でしたか？」など、お客様と他愛もないことを話すはず。このときに、お客様との距離が縮められるかは、最初の自己紹介の有無にかかっています。「この人が、今日担当の人なのだ」「この人は、お店のスタッフなのね」と最初にわかるのとわからないのでは、お客様の心理状態は雲泥の差です。

そして、カウンセリングを開始するときも、改めてあいさつと自己紹介をしてください。「鈴木様、ご来店いただきましてありがとうございます。改めまして、本日担当させていただきます◯◯と申します。どうぞよろしくお願いします」

サロンの場合、店舗に一度足を踏み入れたら、商品・サービスを受け終わるまで、お客様は自分の意思で帰ることができません。そんな特殊な空間で、いかにお客様に安心してくつろいでもらうか。

そのためには、お客様の目をしっかり見て、お客様の名前をお呼びする、自己紹介をする。これを、二段構えで行ってください。

サロンスタッフの身だしなみ

お客様がサロンを初回訪問して、ほんのわずかな時間で感じとるのは「店内の清潔感」「あいさつでの信頼感」、そして「スタッフの見た目感」です。

「スタッフの見た目感」とは、オーナーやスタッフの容姿や雰囲気のこと。サロンに来店するお客様は、美容や健康に対して意識が高い方が多いので、肌やメイク、髪型、服装など細かいところまで見られていると思ってください。

できるだけ、肌トラブルなどがないように普段から気をつけて、メイクは清潔感ある仕上がりにしましょう。お客様の前に出る直前に、毎回鏡を見ることを習慣にしてください。

髪型は、仕事の内容にもよりますが、基本、スッキリとまとめるのがいいでしょう。わたしのネイルサロンでの経験ですが、顔の両サイドに長めの毛束を垂らしていた人が施術担当だったときは、毎回、ネイルに髪の毛がつかないかとヒヤヒヤした覚えがあります。

また、施術のときにはマスクを着用する場合も多いかと思いますが、お客様をサロンにお迎えするときは、マスクを外して対応するのが礼儀です。「メイクが崩れているから、マスクは外せない」とおっしゃる方も多いのですが、新規客にマスク姿で対応するのは、あり得ません。あなたは、初めて会う人が目しか見えていないとき、その人を信用できますか？　必ずマスクを外してお客様のことを迎え入れてください。

また、多くの人が口臭に気をつけているとは思いますが、エステティシャンなどで、吐く息が煙草のヤニで臭い人が、たまにいます。喫煙者の場合は、サロンでの仕事中は絶対に煙草を吸わないこと、施術中はマスク着用が原則です。

サロンに新規客として訪問してくれるお客様は、「悩み」と「理想の状態」があるわけです。施術をしてくれるあなたの容姿や雰囲気が、もし、お客様の理想の状態とかけ離れていたとしたらどうなるか。きっと、よっぽど高い技術力でお客様を満足させない限り、お客様の心証は良くないので、2回目のリピートは難しいでしょう。

ただ、容姿や雰囲気に自信がないという場合でも、対応策がありますので安心してください。それは笑顔です。自然な感じで目が笑っていて、ほどよく口角が上がっているイイ笑顔でお客様の対応ができるなら、全く問題ないでしょう。

良いことがあるから笑顔になるのではなく、笑顔だから良いことが起きるのです。笑顔で、お客様のリピートを引き寄せましょう。

通い続けたいと思わせるカウンセリングとは

多くのサロンでは、初回来店時、カウンセリングを実施していると思います。

以前、ヘアサロンでのカウンセリングシートに「よく読む雑誌」という項目がありました。チェックをつけたあと、スタッフが持ってきた雑誌は、全く好みと違うもので、カウンセリングシートのあの項目はなんだったのだろうと、笑える体験をしたことがあります。

あなたのサロンでは、カウンセリングを機械的に行ってはいないと思いますが、案外カウンセリングを重要視していないサロンオーナーも多いのではないでしょうか。

「サロンの未来地図」では、「誰の」「何のために」「何をどうする」をつくりました。「誰の」では、お客様の「悩み」「理想の状態」を想像しましたが、カウンセリングは、まさにこの部分を確認できる貴重な機会になります。

そして、**「このサロンでなら、悩みを解消して理想の状態に近づくことができるのではないか？」と、お客様に思ってもらえる可能性をつくり出すのも、まさに、カウンセリン**

グのタイミングなのです。

ですから、カウンセリングシートは、お客様ご自身に記入いただくところは、個人情報だけにとどめてください。あとは、カウンセリングシートの質問項目を、お客様に対話形式で、聞いて、確認してください。

カウンセリングを実施する中で、最終的にあなたが見出してほしいことは、このお客様の「悩み」「理想の状態」「それをいつまでに達成したいのか」「達成したときにどんな世界を見たいのか」です。

もちろん、お客様に「それが達成できたら、どんな世界が見えることを期待していますか？」などとは聞かないでくださいね。お客様が驚きます。ぜひとも、お客様が、どんなことを望んでいるかということを聞き出すという方向性で対話をしてほしいのです。お客様の答えが曖昧な場合は、それで結構です。あなたはお客様の曖昧な答えをそのまま受け取ってください。なぜなら、いまさっき初めて会った人のことを、5分~10分で理解するなんてことは、そうそうできることではありませんから。

だからこそ、**カウンセリングは、初回だけでなく、毎回実施してほしいと思っています。毎回のカウンセリングは、お客様の立場からも、要望を伝えたいという本音を実現させることになり、たいへん有効です。**

コミュニケーションの基本は「相手になって聴く」

サロン経営は、お客様1人ひとりに寄り添って、個別対応をしていかなければなりませんから、本当に高度な仕事だと思います。

カウンセリングでも、施術でも、お客様に商品・サービスの提案をするときでも、コミュニケーションがとても大事になってきます。

では、コミュニケーションの基本って、何なのでしょうか？

それは、「相手になって聴く」ことです。

わたしたちはコミュニケーションというと、まずは、自分自身の意思や感情を相手に伝えることをしなければと思いがちです。でも、自分と相手のこれまで生きてきた環境・状況は、ほとんど違うはずです。そしてわたしたちは、**自分の過去に大きく影響を受けていますので、人の話は、自分が聞きたいようにしか耳に入ってこないのが現状です。**だから、あなたがどれだけ一生懸命、自分自身の意思や感情を相手に伝えようとしても、それが相手にすべて伝わるかというと、なかなか難しいことだと思います。

では、どうすれば、相手とコミュニケーションが実現できるのか？

まず、**お客様と対話するときには、いったん、自分の持っている思いや考えなどをすべて手放して、相手になってみることを意識してみてください。「相手になる」とは、言葉どおりなのですが、あたかも自分が相手になったように、相手のエネルギーに合わせて、相手と一緒にいることです。「相手になる」とはすなわち、相手に対する余計な理解や、過去の連想による解釈をしないということです。**そういう気持ちで相手と向かい合うと、相手のことが徐々にわかるようになってくるはずです。そして何より、相手があなたといることに心地よさを感じると思います。

かつて、行きつけのサロンでフェイシャルエステを受けていたとき、これまでに感じたことのない、身体が宙に浮いているような心地よさを感じて驚いたことがありました。施術後、エステティシャンにそれを伝えると、「わたしも、なんともいえない雰囲気の中ですごく心地よかった」という感想が聞け、お互い「本当に気持ちがよかったねー」と驚き合ったことがありました。あのときの感覚を第三者に的確に伝えることはなかなか難しいのですが、今から思えば、わたしもエステティシャンも、施術中に、互いに相手になれていたからなのかもしれません。

お客様の言葉を受け取って力づける

コミュニケーションの基本である「相手になって聴く」ということは、まずはお客様の言ったことをすべて受け取ることです。

たとえば、「でも、これまで何をやっても痩せなかったんです」とお客様が言ったとしたら。「そうでしたか。お痩せにならなかったのですね」と必ずいったんは受け取ってください。そのあとで、お客様が何か言ったら、またそれを聞いて、受け取ります。

こちらの発言のあと、お客様が何も言葉を発しなかった場合、まずは、お客様と沈黙の中に一緒にいてください。このときに重要なことは、「このタイプの方は、すぐに結果がでないと途中でやめてしまうのよね」とか「食事制限とかできなさそう」とか、あなた自身で勝手な解釈をして、心の中で会話をしないということです。

そして、お客様の発した言葉を、あなたがお客様になったかのごとく、あなたが十分に受け取れたら、次に相手を力づける言葉をかけましょう。「これまで目立った効果がなかっ

ただけかもしれませんね」や「ご自身の納得のいく体型になるにはこれからですね」などです。

ポイントとしては、**「ダメだった」に対しては「まだ効果が出ていない」「これからよくなる」というように、ネガティブな言葉をポジティブな言葉に変換して伝えることです。**

「普段すごく忙しいので、定期的にサロンに通ったりするのは無理なんです」と言われた場合は、「そうですか。お忙しいのですね」と、まずは受け取ります。そして、「普段、活動的な鈴木様だからこそ、当店での施術を受けることで、ますますパワフルに活動できるようになると思います」と力づけます。**「忙しい」を「活動的」「ますますパワフルに活動」などという言葉に変換することで、ネガティブな発言をしたお客様の脳にポジティブなイメージを植えつけるのです。**

「おすすめされたコースを買おうかどうか、迷っています」と言われた場合。「迷われているのですね」と、受け取ります。そして、「迷うということは、このコースの良さを感じていただけているのですね。ありがとうございます」と相手の言葉を変換します。その後、「コースのどんなところに魅力を感じていらっしゃいますか？」と、お客様の口からコースの良さを再確認できる質問をするとよいでしょう。

初回来店時の次回予約は必ずすすめる

初回時のサロンの2回目を予約しなかった理由をお客様に聞くと、「予約をすすめられなかった」という理由が多いのを知っていましたか？

わたしたちは、「施術に満足しなかった」「店の雰囲気が気に入らなかった」という理由で次回に来店をしてもらえなかったのではと思いがちですが、実際は違うのです。

あなたは、初回来店時のお客様に、次回予約をすすめていますか？

「次回予約をすすめるのは、ガツガツして見られそう」「なんとなく自信が持てずにお客様の判断に任せてしまった」、という理由で、予約をとらないオーナーも多くいます。

予約をすすめられなかったお客様は、あなたのサロンのことは、しばらくするとすっかり忘れてしまいます。そして、そんなサロンに限って、その後のお客様フォローがないので、いつまでたっても、新規客から固定客に育たない状況が続くのです。

まず、あなたは、お客様に対して「立場をとる」ことをすべきです。立場をとるとは、「当

事者になる」「責任感を持つ」という意味です。**「お客様に立場をとる」と言った場合、「お客様の理想の状態を、当事者になったも同然で一緒に取り組む。そして、お客様が悩みを解決できないとしたなら、それはわたしの責任」と、言いきれるレベルの責任をとる、そんな「心のあり方」です。**

病院に行って、医者から「じゃあ、次は1週間後に診せに来てください」と言われたとき、あなたは素直に1週間後の予約をとりますよね？　医者は、あなたの症状に立場をとっているから、その経過を確認すべく、当然のように次の予約をとろうとします。

あなたも、お客様の理想の状態を実現するために、次回はいつごろ来店してもらうことがベストなのか、率直に伝えましょう。

そしてこのとき絶対にやってはいけないのが、「次回の予約はいつにしますか？」とお客様にオープンクエスチョンで聞くことです。オープンクエスチョンとは、答えの幅が限定されませんので、聞かれた人もなかなか答えにくいものです。「2週間後の、今日と同じ土曜日か、もしくは日曜日はいかがでしょう？」というふうに答えを選択できるクローズドクエスチョンで聞くようにしてください。

感謝をもってお金をいただく

商品・サービスを購入いただいたあとは、支払金額を提示して、お客様に精算をしてもらいます。この精算のやりとりも、新規客が固定客に育つかどうかの重要なポイントの1つとなります。特に、「言葉遣い」と「所作（ふるまい、身のこなし）」が決め手になりますので注意してくださいね。

まず、言葉遣いについて。よく「すみません」とか「ごめんなさい」と言って支払金額を提示する人がいます。これは、お金をもらうときに「相手から奪っている」と、無意識にとらえているからです。こういう口癖がある人は、自分が買い物などで支払うときにも相手から奪われていると、どこかで感じているはずです。

その思いは、手放すようにしてください。そのためには、**お客様からいただいたお金は、あなたを満たすだけでなく、あなたの次のお客様に喜んでもらうための準備だと考えたらどうでしょう？　あなたがもっとよい仕事をするために、お客様から応援していただだ**

く、その印がお金だということです。そうしたら相手に、「（応援してくれて）ありがとう」の思いしか湧きませんよね。

とはいっても、お金についての思い込みは、あなたの生まれ育った環境と長年の習慣によるもので、なかなか取り除くことは難しいものです。そこで、まずは意識をして言葉遣いから変えてみましょう。支払い金額の提示の際は、「ありがとうございます。合計で○○円になります」。現金やカードを受け取るとき、お釣りをお返しするときも、必ず「ありがとうございます」と言ってください。

そして、サロン以外の日常で、あなたが買い物をするとき、コンビニやスーパーマーケットでの支払い時、必ず「ありがとう」と相手に感謝を伝えてください。相手が無言でも、伝えることが、あなたのお金に対する良い習慣を身に着けることにつながります。

所作については、お金の受け取り方、お釣りの渡し方です。お札の場合は、向きを揃えて、常にお札がきれいに見えるように心がけてください。小銭を扱う場合は、トレイの上に小銭を乗せて受け渡しができるようにすると良いでしょう。

お金は貴いものです。できる限り丁寧に、感謝の気持ちを持って取り扱ってください。それがサロン経営の繁栄につながると思います。

お見送りはおもてなしの総仕上げ

お客様へのおもてなしは、お客様が完全にサロンを退出するときまで続きます。精算が終わったとたん、帰りを急かすような接客をするサロンもありますが、お客様にはいい印象を与えません。**丁寧なお見送りは、お客様の本日最後の満足感を高める行動だと心得てください。**

店舗がビル内やマンションの中にある場合。2階以上なら、エレベーターや階段までお客様のことをお送りしましょう。1階の場合や、路面店の場合は、外まで出てお見送りです。お客様の目を見て、感謝の気持ちを込めてあいさつをしてください。お客様が立ち去ったあとも、後ろ姿を見送るのを忘れずにしてください。このような思いやりあふれる行動は、空気感でお客様にも伝わりますし、通りすがりの人にも好意印象を与えます。ただしこれは、次のお客様が待っていない場合の対応です。

次のお客様が待っているときは、店舗入口までお客様をお送りし、「外までお見送りができませんが」とお断りしたうえで、あいさつをしたらよいでしょう。

気をつけてほしいことは、常に、優雅で落ち着いた行動で、今対応しているお客様と、待たせているお客様の対応をすることです。

たとえば、次のお客様が予約よりも早めに到着している場合。まずは、今のお客様の対応を最優先しても問題ないでしょう。ただし、早めについたお客様のことも十分に歓迎の気持ちをあらわすことが前提です。

一方、今対応しているお客様の施術時間が長引いて、すでに次のお客様の予約時間が過ぎていてお待たせしてしまう場合。まずは、次のお客様に、現状をお伝えして遅れていることをお詫びします。そして必ず「あと○分程お待ちいただいてもよろしいでしょうか」と伺ってください。このひと言がなく待たされていると、お客様は不満が募ります。

いずれにせよ、**お客様は、どれだけ自分が丁寧に扱われているかということには敏感に反応します**。どんな事情であれ、お客様が気持ちよくサロンをあとにできるよう、最後まで最大限の配慮と愛情を持って接客してください。

初回来店以降のアクションが決め手

新規客が来店してくれて、あなたの商品・サービスを購入してくれました。次回予約をしてくれた、してくれなかったに関わらず、来店の翌日以降に、あなたがお客様にすべきことは何でしょうか？

何をおいても、まずは初回来店のお礼です。数あるサロンの中から、あなたのサロンを選んで来てくれた、大切な大切なお客様です。ありがたいと思うのは当然ですよね？　その気持ちを率直に伝えてください。

そして、初回の施術後のお客様に、不満や不安はないかの確認をしてください。ヘアサロンやネイルサロンなどの場合は、その後、仕上がりに何か問題はないか？　フェイシャルやボディの施術の場合、体調に変化はないか？などを御礼状に書き添えます。加えて、施術後のお客様が自宅でできる、セルフケアなどを伝えるとさらによいでしょう。もし、お客様から問い合わせたい場合は、どこに連絡をすればいいのかも明記してください。

初回のお礼は、手書きのハガキが最も効果的です。お客様は、手の込んだ、真心を感じる対応には感激するものです。たとえ、そのお客様がリピートしない場合でも、知り合いを紹介してもらえる可能性があります。

ハガキが難しい場合、メールやＬＩＮＥ、もしくは携帯電話のショートメールという手もあります。**初回来店のお礼は、必ず来店３日以内に行ってください。**

そして、**３週間以内に、次のアクションを起こすことも新規客のリピートをつくるために大切なことです。必ず伝えてほしいことは、お客様があなたの商品・サービスを購入したその選択は正しかったということです。**お客様にとっての機能価値と感情価値（30ページ）を改めて伝えることで、お客様は「自分にとってふさわしいサロンに行けたんだな」と思い起こしてくれます。

そのあとで、次回予約の方にはその日時を伝え、次回予約のない方には、次のメニューを提案し、それをいつごろ予約してもらうことが、そのお客様の理想の状態に近づけるかを伝えてください。

とにかく、初回来店時のあとは、３日、３週間のアクションは必ず忘れずに実行してください。これを行うことで、あなたのサロンのリピート率はグンと高まるでしょう。

固定客は2回目来店時の対応でリピートを決める

新規客が2回目に来店してくれた場合、新規客を階段の一段上の「固定客」というステージに上らせたことになります。今後、このお客様を「固定客」としてしっかりと育てていくことが重要です。

はじめのほうにも書きましたが、わたしはこれまでさまざまなサロンに、客として伺っています。しかし2回目の来店時に満足できる対応をしてくれたサロンはほとんどありませんでした。**実は、2回目というのは初回来店のときよりも、お客様対応に気をつけなければ、その後のリピートにつながりません。初めてのお客様が2回目に来店してくださるより、2回目から3回目の来店を促すことのほうが難しいかもしれません。**

まず、カウンセリングは必ず実施してください。お客様は、前回あなたのサロンに初めて来て施術を受けたわけです。そのときには言えなかったことがあったかもしれません。初回から今回の間に、思ったことや質問などもあるかもしれません。それをしっかりと聞

き出すことが大切なのです。カウンセリングのはじめには、「いつ」「何をした」をお伝えして、「その後について」をお客様に聞いてください。たとえば、

「前回3週間前にご来店いただいて、フェイシャルマッサージを受けていただきました。乾燥肌を気にしていらっしゃいましたが、お肌の調子はいかがでしょうか？」

「前回ちょうど40日前に、カットとトリートメントをしていただきました。前髪をつくってみましたが、ヘアのデザインはお気に召していただけたでしょうか？」

「前回1カ月半前に、全身脱毛をしていただきました。肌の調子や、体毛の生え方などで気になるところはおありですか？」

ポイントは、お客様がその後、具体的に話しやすいような質問の仕方をすることです。

そして、**このカウンセリングの目的は、初回来店時にくみ取れなかったお客様の「悩み」「理想の状態」「それをいつまでに達成したいのか」「達成したときにどんな世界を見たいのか」に加えて、前回施術を受けたお客様からの「当店への要望」を聞き取ることです。**

このとき「相手になって聴く」を実践し、お客様の話すことを、いったんはすべて受け取ります。これができれば、お客様とコミュニケーションがとれるので、お客様は「わたしの話を聞いてくれた」と満足感を覚えることでしょう。

2回目来店時に、これができるかどうかで、その後のリピートが決まるのです。

お客様の情報を管理して活用する

お客様とのコミュニケーションは、お客様情報をもとに行われます。お客様情報を管理するということは、「お客様と長期的な関係を維持する」ために、「お客様の情報を収集し、それを活用できるようにする」ということです。

たとえば、お客様が、いつ来店し、どんなサービスをいくらで受けたのか、また店販商品をどれだけ買ったのかなどの「買い物履歴」は必ず控えておきます。そうすると、お客様の年齢や抱えている悩みなどといった「お客様の基本情報」と併せて、来店時に同じ商品・サービスをすすめたり、前回とは違うものを提案したりすることができます。

もう1つ、管理しておくとよい情報があります。それは、「お客様の声」と「あなたの主観」です。お客様の声とは、「問い合わせ、要望、感想、苦情」などです。そして、あなたの主観とは、「そんなお客様の声を聞いたときや、お客様が商品・サービスを購入してくれたときに感じたこと、覚えておきたいこと」などです。

こういったお客様情報は、カウンセリングシートでそのお客様の顧客番号を決めれば、パソコンでも紙でも管理ができます。フォーマットにはとらわれず、まずは記載するということを徹底しましょう。

お客様情報は、来店の直前に必ず目を通して、施術、接客、商品提案に役立たせてください。そうすれば、お客様は「自分のことを覚えていてくれた」と感激し、あなたのサロンに居心地のよさを感じてくれることでしょう。

これらの情報を収集して、しっかり活用できているサロンは、お客様があなたのお店のファンとなり、絆がしっかりできています。そういうサロンは確実に、支持されています。あなたが、これらのお客様情報を活用するからこそ、お客様に寄り添った対話ができるのです。そして、そんな対話をしてくれるサロンのことは、お客様が放っておきません。

一方、**リピートが多いからとそれにあぐらをかいて、お客様情報を活用せずにいると、サロンとお客様の絆は結べません。そうなると、ちょっとしたきっかけで、離れてしまうことも覚悟しておく必要があると思います。**

お客様情報には「集客のヒント」が詰まっている

お客様情報でどのような商品・サービスを購入してくれたかの「買い物履歴」は、サロンの売上を把握するための重要なデータでもあります。

年間の「買い物履歴」を見ると、サロンの売上というのは、曜日、時間、天気、イベントといったさまざまな要因によって変動していることがわかるでしょう。

「6月7月はボーナス時期なので、会社員の方の来店が増えるし、店販商品もよく売れる」「近くの商店街が一斉休みの水曜日は、サロンのお客様も来店客数は少なめ」「休み明けの午前中はほとんど予約が入らない」など、だいたいの傾向が見えます。

また、商品・サービスごとに「買い物履歴」を見ると、どんなメニューが人気なのか、どういうタイミングで買われることの多い商品・サービスなのかも見えてきます。

「買い物履歴」を活用すれば、お客様のリピート率をアップさせる、いろいろな方策が考えられるということなのです。

サロンの未来地図の「何をどうする（32ページ）」では、具体的な実行プランを「4P」で考えました。「買い物履歴」を見ることで、新規のメニューづくり、お買い得キャンペーンの実施、来店客数が少ない時期の販売促進の計画などのヒントが得られます。

たとえば、「買い物履歴」と「お客様の基本情報」を一緒に見て、「50代の主婦やパートのお客様は、部分痩身のメニューを平日に予約する傾向が高く、2～3週の間隔でリピートしてくれる割合が高い」という結果がわかったとしましょう。これまで単品メニューしかなかった「部分痩身」を、「上半身5回コース」「下半身コース5回」というコースメニューにします。そして、通常価格を高めに設定して「平日限定割引キャンペーン」とお得感を打ち出して販売していくというような販売促進も考えられるというわけです。

サロンの場合は、小売業などと異なり、お客様1人ひとりの顔を把握できているというオーナーが多いので、お客様情報の管理に興味を持たない方も少なくありません。しかし、**お客様の情報が蓄積され、分析ができると、有効に活用することができます。ぜひとも、しっかりと管理することをおすすめします。**

サロンの情報をお届けする

わたしのよく知っている、オープンして15年になるリンパマッサージ専門店は、リピートするお客様が途絶えないサロンです。ここのサロンは、季節ごとに「サロン通信」をお客様の自宅に郵送しています。特徴的なのは、透明ビニール封筒から、いつもオーナー直筆のメッセージが見えているということ。思わず開封して、達筆のそれを読んでいると、オーナーのプラスのエネルギーがビンビン伝わってきます。

「サロン通信」の内容は毎号違うのですが、この数カ月にあったトピックスの紹介や、お客様のインタビュー、メニューやキャンペーンの内容も写真やイラストを使ってわかりやすくのっています。スタッフの紹介コーナーもあり、顔写真や趣味、直筆の意気込みなどが書かれているので、サロンやサロンのスタッフとの距離が近くに感じられて、温かみが伝わってきます。前回送られてきた通信には、以前辞めたスタッフの顔写真と自宅サロンのオープン情報までもが記されており、驚きました。オーナーの愛の深さを感じました。

以前、このサロンのオーナーが「こうやって地道なことをコツコツ続けてきてきたから、ここまでサロンが続いているのよ」としみじみおっしゃっていたのを聞いたことがあり、その言葉には本当に重みがありました。

サロンは、サービス業の中でも特に、お客様との人間的なふれあいが重要視される仕事だとわたしは思っています。だからこそ、お客様の側も、サロンに対して安らぎや温かみを感じたり、共感できたりすることで、ここのサロンに任せていいかも、という思いを直感的に感じるのだと思います。

そしてそれは、お客様がサロンに来店したときだけではなく、お客様が自宅にいるときや、自分の時間をくつろいでいるとき、すなわち、お客様がサロンのことを忘れているときに、サロンのことを思い出させて感じてもらうことがポイントです。

前述の事例のように、サロン通信を郵送するのもいいでしょうし、メールマガジンやLINE@などでメッセージを配信するのもいいでしょう。

お客様にリピートをしてもらうためには、お客様との接点を持ち続けていく努力を惜しまないことが大切です。

お客様の満足度を高めるアンケート

あなたは、サロンに通ってくれているお客様に対してアンケートをとったことがありますか？

わたしが通っていたエステサロンの例ですが、施術後に毎回必ず、お客様アンケートがメールで届きました。そして、そのアンケートが送られてくるようになってから、そのエステサロンでは、いろいろなことが目に見えて改善されていくのが、本当によくわかりました。わたしは、記述式の回答には何も書かずに送信していましたが、そのエステサロンは年齢層がかなり高めのサロンでしたので、記述式の回答欄に皆さんは思いを書き込んだのでしょう。

たとえば、店販商品の化粧品のシュリンク包装。シュリンク包装が剥がしにくいのは当たり前だと思って我慢していましたが、メールアンケートが始まってしばらくしてから、すべての化粧品のシュリンク包装が、ワンタッチで開封できるようなしくみになったのです。ちなみに、ここのサロンから定期的に送られてくる会報誌の透明ビニールも、縦にミシン目が入っていて本当に開けやすいつくりになっています。お客様の声を真摯に受け止めて対応しているサロンだなぁと、とても好感を持ちます。

あなたのサロンもお客様の声を聞いて、それを店舗運営に活用するということにチャレンジしてほしいと思います。

アンケートというと、お客様から評価されるかもしれないというネガティブな印象を持つオーナーもいるかもしれません。しかし、もしお客様があなたに直接言えないことをアンケートに書き込んで、あなたがそれに誠実に対応したとしましょう。そのお客様は感激して、引き続きサロンに通い続けてくれ、今後も気がついたことをあなたに教えてくるのではないでしょうか。これは、**アンケートでお客様の本音を聞き出して対応することで、お客様の満足度が高まり、リピート率がアップすることにつながるということなのです。**

アンケートですが、紙に書いてもらうのでもいいと思いますが、最近は、インターネットでも、アンケートフォームを無料で簡単につくれます。アンケートのURLをお客様のメールアドレスにお送りして、回答をしてもらうという方法がいいのではないでしょうか。

匿名回答ができるようにしておくと、さらにお客様の本音が聞けるかもしれません。

個人サロンの強みが活かせるキャンペーン

キャンペーンとは、商品の認知や購入などを目的とした販売促進のための施策です。実施することで、お客様のリピート率を高めることにもつながります。

キャンペーンとバーゲンセールは違います。バーゲンセールは、小売店が商品を定価より価格を下げて大規模に売り出す催しのことです。これは、季節の変化や新モデルの投入により発生する不良在庫を消化するために行います。キャンペーンという名目で、単なる割引セールをしているサロンも多いので、この違いは知っておいてください。

わたしは、**お客様1人ひとりの顔がわかっている個人サロンだからこそ、大手には真似のできないキャンペーンの実施ができる**のではないかと思っています。それがどういうものなのか、「サロンの未来地図」のステップに従ってここで一緒に考えてみましょう。

まず、「目的」の設定です。「いつも同じ商品しか購入してくれないお客様に、別の商品を購入してもらうこと」と設定します。

次の「誰の」は、お客様の絞り込みです。このときに、お客様の「買い物履歴」が役に立つわけですが、「フェイシャルコースだけ」「ボディコースだけ」「施術だけ」など、お客様の買い物の傾向別に対象者を明確にします。

たとえば、キャンペーンの内容は、いつも「フェイシャルコースだけ」のお客様が来店したときに「今、ボディコース未体験のお客様にキャンペーンを実施しているのです」と言って、ボディコースのお試しをすすめるというものです。いつも「施術だけ」のお客様には、店販商品の化粧品などをお試しですすめるということもあります。

ですから、未来地図のステップ３「何のために」では、そのお客様にとって、キャンペーン対象商品の機能価値と感情価値（30ページ）は何かを、しっかりとお伝えできるように準備をするということになります。

そして最後、未来地図のステップ４「何をどうする」で、具体的なキャンペーン商品、価格、キャンペーンの期間や告知の仕方を考えていきます。

少し、手が込んだキャンペーンだと思うかもしれませんが、その分、成果は出やすいものです。エステに限らず、ヘアサロンやヒーリングサロンなどでも、同様に考えることができますので、しっかりと計画を立てて取り組んでみてください。

休眠客を寝かせたままにしない

新規客の2回目の来店がなかったり、しばらくリピートしたあとでぱったり来店がなくなったりということもあるでしょう。このような休眠客を放置しているサロンのなんと多いことかと思います。去るもの追わずの精神もいいのですが、ここでは休眠客の対応について考えてみたいと思います。

まず、休眠客がどういう理由で来なくなったのか、原因を考えてみましょう。

1回来店のみのお客様の場合に考えられる理由は、①商品・サービスの品質に満足しなかった　②接客対応や店の雰囲気に満足しなかった　③特典だけが目当てだった　④店の存在を忘れてしまった　⑤引っ越しやその他の事情で通えなくなった　など。

では、これまで何回もリピートしてくれていたのに、突然来店しなくなったお客様の場合は、何が原因なのでしょう？　あなたが、その原因をうすうす感じている場合は、恐らくそれが原因でお客様は来店しなくなったのでしょう。その場合、あなたが、そのお客様にもう一度来店してほしいかどうか、それを自分の胸に聞いてみてください。

そして、何回もリピートしてくれていたのに、突然来店しなくなった理由が全く見当のつかないお客様の場合、考えられる理由は、①施術・接客など小さな不満が溜まった結果、ほかのサロンに行くことになった ②特に不満はなかったが、ほかのサロンに行くことになった ③多忙やその他の事情で通えなくなった ④サロンに行く目的を見失った などでしょうか。でも、これは、お客様自身に聞いてみないとわからないことです。

すべての休眠客に当てはまることは、休眠客になる前に、あなたが手を打つことが必要だということです。電話をかける、ハガキを出す、メールをするなど、さまざまな手を打つことができると思います。そのためにも、「お客様情報」はすべてのお客様について定期的に確認することが重要なのです。

ただし、**休眠客だからといって、すべてに対応する必要はありません。「サロンの未来地図」で絞り込んだ、あなたの理想のお客様に近い休眠客のみを選び、そのお客様へ対応していけばよいのです。**

このように、未来地図はいつでも、サロン経営の成功にたどり着くための道しるべとなって、あなたを支えてくれます。お客様のリピート率をアップさせるときにも、未来地図をしっかりと活用してください。

サロン経営を成功に導いたコンサルティング事例3

1. 業態　エステサロン

2. 相談者の状況と相談内容

フェイシャル、ボディのマッサージのほか、痩身・脱毛などのトータルボディケアができるエステサロンを5年間経営してきたC子さん。お客様の予約は順調のため、パートのスタッフも雇って施術対応をしているのですが、利益が残らないということで相談に来られました。

3. コンサルティング内容

お客様の予約が順調な理由を伺うと、複数の広告媒体を使って集客をしているとのこと。実は、サロンをオープンして3年目に入るころ、急に紹介客の数が少なくなり、極端に売上が下がったことに恐怖を覚え、広告媒体での集客を始めたのだそう。

そのためこの数年で、お客様の年齢層が10代～50代と幅広くなり、C子さんも当初は戸惑いがあったようです。ただ、お客様の中にはリピートしてくれる方もいるので、このままでいいのだと納得して続けているようです。

売上のデータを確認すると、広告媒体の特典つき単品メニューの割合が多く、リピートのお客様もその多くは、毎回同じ施術メニューを購入している傾向が高いようです。

対応策①C子さんは、サロンを今後どのようにしていきたいのか？　まずは、将来像をしっかり考えてもらいました。そして、C子さんが本当に来店してほしいお客様はどういう人なのかを考えてもらいました。（「サロンの未来地図」ステップ２「お客様の絞り込み」）

対応策②トータルボディケアができる当店が、お客様に提供できる機能価値と感情価値は何かを考えました。（「サロンの未来地図」ステップ３「価値を明確にする」）

対応策③お客様にどのような商品を提案すれば、新規客が固定客に、そしてファン客に育つのかを一緒に考えました。（「サロンの未来地図」ステップ４「Ｐｒｏｄｕｃｔ」）

対応策④サロンに来てほしいお客様とミスマッチの広告媒体は、解約をしました。(「サロンの未来地図」ステップ4「Ｐｒｏｍｏｔｉｏｎ」)

4．結果

広告媒体はすぐに解約ができないものも多く、その間は、単価が高めの商品のお試しという特典商品を掲載することに。その結果、集客人数は極端に減りましたが、広告媒体からも「理想のお客様」が来店してくれるようになりました。1年後には、広告宣伝費の支出が激減し、リピート客の割合も増えてきたことで、利益が出るようになってきました。

～コンサルティング事例からのメッセージ～

来客客数が極端に減少したときなど、気持ちが焦ってしまいがちですが、まずは落ち着きましょう。販売促進などの「具体的な実行プラン」に飛びつくのではなく、サロンの「使命(存在意義)」を思い起こして、「目的」を明確に設定してから実行するようにしてください。

第４章

利益を２倍にするのに、２倍がんばらなくていい

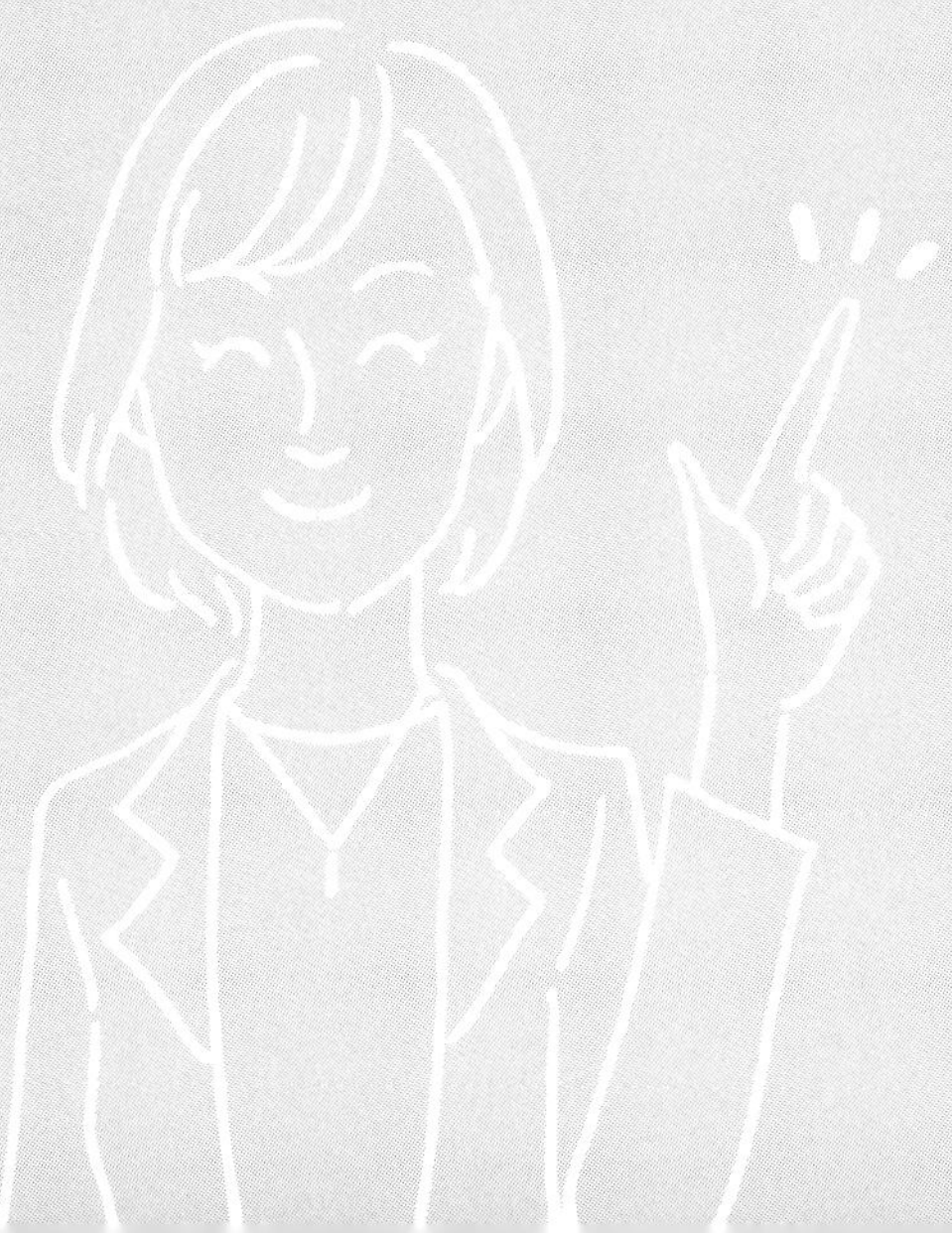

売上志向と利益志向の違い

「うちのサロンは、売上はそこそこあるのに、利益が少ない……」

こんな悩みを抱えてはいませんか？

実は、サロン経営をしているオーナーには、売上を重視する売上志向の人と、利益を重視する利益志向の人の2通りに分かれる傾向があります。

売上志向の人は、売上は多ければ多いほどいいという考えを持っています。だから、今より売上を上げるために、スタッフを雇ったり、サロンを大きくするために移転したり、複数店舗の出店を検討したりします。もちろん、順調にいけば、お客様の数は増えて売上は上がるかもしれません。しかしその分、人件費、移転の費用、新規出店のための家賃や集客の広告宣伝など、経費もかかるわけです。売上が上がっても必ずしも利益が増えるわけではありません。

最初は1店舗でやっていたサロンが、売上を増大させることだけを目的に、多店舗展開

をしたという話はよく聞きます。そして、新規出店の設備投資のための金融機関借入をしたあと、なかなか利益を出すことができず、借入の返済にたいへんな思いをしているというオーナーを数えきれないほど知っています。

一方、利益志向とは、「利益を○○円残すために、売上は○○円必要」という考え方ができる人のことです。

売上志向と利益志向、どちらが成功に近づく早道かというと、ハッキリ言いますね。それは間違いなく、利益志向です。ちなみに、利益が出るということは、現金が手元に残るということです。仕入と必要経費を引いたあとに、利益として現金があれば、その現金を次の新しい取り組みに回すことができます。また、何かあってしばらくサロン経営ができない状態になったとしても、その現金があれば、生活の足しになるでしょう。

そして、利益を出すという目的を果たすためには、必然的に、お客様の絞り込みや、お客様に感じてもらう価値、商品・サービスなどが、売上重視のときとは変わってきます。

ここで利益を出すために重要なアドバイスをしますね。**利益アップは、「安価なものを数多く」という考えではなかなか実現しません「価格や質を向上させる」ことで、お客様の満足度を高めるという方向性になっていくのです。**

利益を2倍にするには、売上を2倍にする必要はない

利益を2倍にするには、相当な努力が必要になると感じませんか？　たしかに努力が必要ですが、利益を今の売上の2倍にしたい場合、必ずしも、2倍の努力が必要というわけではありません。

具体的に例をあげましょう。今、1カ月の売上が50万円だと仮定します。原価率が仮に10%だとすると、粗利は左記の式で計算できます。（Ⓐ）

次に、家賃が10万円だとして、人件費、水道光熱費、消耗品費、広告宣伝費などの諸経費が26万だとしたら、粗利から差し引いた営業利益は9万円です。（Ⓑ）

Ⓐ売上（50万）－仕入（5万）＝粗利（45万円）

Ⓑ粗利（45万）－家賃（10万）－その他諸経費（26万）＝営業利益（9万円）

この営業利益を2倍にするということは、18万円にするということですから、あと9万

円の利益が必要ということですよね。

あと9万円の利益をつくり出すためには、売上は、あといくら必要なのでしょうか？

下の計算を見るとおわかりのように、売上をχとすると、原価率が10％ですから、追加で9万円の粗利があれば営業利益が2倍になる計算になります（売上がχ円増えても、原価以外に経費は余計にかからないという前提）。

この計算のとおり、あと10万円の売上が増えれば、利益は、これまでの9万円の2倍、18万円になります。

このように、今より利益を2倍にするには、50万円の売上を、あと10万円増やせばいいだけなのです。これは、売上を今より20％増やすということです。

利益を2倍にするには、売上を1．2倍にすればいいだけ。

これが理解できれば、利益を2倍にするということに対する、恐れや不安は払しょくされたのではないでしょうか。

$$\chi - \chi \times 10\% = 9\text{万円}$$

$$\chi - 0.1\chi = 9\text{万円}$$

$$0.9\chi = 9\text{万円}$$

$$\chi = 10\text{万円}$$

利益は固定客とファン客がもたらしてくれる

利益を増やすために、まずは、売上とは何かについて、改めてみていきたいと思います。

売上の方程式はこちらです。

売上＝客数×客単価×来店頻度

「客数」とは、お客様の数です。1人のお客様が月に2回来店すると客数は1ですが、「来店客数」は2（のべ2人）となります。

「客単価」は、売上を総来店客数（来店客数のトータル）で割ったものです。1人のお客様が月に2回来店し、合計20000円購入すると、**【20000（売上）÷2（総来店客数）＝10000（客単価）】**で、客単価は10000円となります。

「来店頻度」は、1人のお客様が一定期間内に来店する回数のことです。総来店客数を客数で割って算出します（132ページ）。

では、前ページで計算したように「今より経費をかけず、売上だけを1.2倍にする」

にはどうすればいいかを、この方程式に当てはめてみます。

まず、この売上は、どんなお客様がもたらしてくれる売上でしょうか？　新規客でしょうか？　固定客でしょうか？

新規客というのは、潜在客、見込客から育てていかなくてはいけません。ということは、広告宣伝費や、無料特典を配布する費用などがかかってしまう可能性があります。

固定客やファン客は、一度でも来店してくれたことのある新規客が、何度もリピートしてくれているお客様です。今より経費をかけずに売上だけをつくるとしたら、固定客やファン客に買ってもらうことが正解です。

売上の方程式に当てはめると、買ってもらうのは既存の固定客、ファン客ですから、「客数」を増やすということではありませんね。ということは、「客単価」と「来店頻度」がどうなれば、売上が1.2倍になるでしょうか？

客数×客単価×来店頻度＝1.2

1×1.1×1.1＝1.21

新規客を増やすことなく、売上を1.2倍にするには、「客単価」と「来店頻度」がそれぞれ10％アップすればいいということが、わかりました。

明日から実践！　客単価アップ作戦

前項に引き続き、「客単価」を10％上げるためには、どうすればいいのかについて考えていきましょう。

たとえば、これまで１００００円支払ってくれていたお客様が、１１０００円買ってくれたとしたら、「客単価」は10％アップしたことになります。

「客単価」を上げるための方法は2つあります。1つは、「商品・サービスの単価を上げる」こと。もう1つは、「1人のお客様が購入する商品・サービスの点数を上げる」こと。

１つ目の「商品・サービスの単価を上げる」とは、これまで１００００円だったメニューを、１０００円値上げするということです。

このように伝えると、たいていのオーナーが「そんな簡単に値上げなんて無理です」とおっしゃいます。現状の単価を上げるのが難しければ、セットメニューをつくったり、新メニューや季節限定メニューをつくったりすることで、客単価を上げることを考えてはど

うでしょう。

セットメニューの場合、通常メニューを組み合わせた商品となると、単品で購入するより割安な価格設定でお得感を出さないといけなくなります。ここはぜひ、「既存メニュー＋新規メニュー」の組み合わせを考えてみてください。

全く新しいメニューの場合は「今日だけ特別」や、季節限定メニューの場合は「季節の気温や湿度や紫外線が、心身に与える影響」などの観点から、比較的お客様にも受け入れられやすいのではないでしょうか。

いずれも、商品・サービスをおすすめする際のポイントは、お客様にとっての機能価値と感情価値（30ページ）をしっかり伝えることです。

客単価を上げる2つ目の方法「1人のお客様が購入する商品・サービスの点数を上げる」については、施術メニューのオプション追加などだけではなく、自宅でのケアの必要性などを説明し、店販商品を購入してもらうことで最終的に客単価を上げるということにつなげていってください。

意外に簡単!? 来店頻度を上げる方法

では次に、「来店頻度」を10％上げるためにはどうすればいいのか考えていきましょう。

今10人のお客様がいて、1カ月に合計で12回（のべ12人）来店してくれたとします。**【来店頻度＝総来店客数÷客数】**で計算します。この場合、**【12（総来店客数）÷10（客数）＝1.2（来店頻度）】**で、現在の来店頻度は1．2回です。1．2回を10％アップさせるということは、**【1.2×1.1＝1.32】**となり、来店頻度を1．32回にする必要があることがわかります。となると、10人のお客様に、合計13．2回（のべ13．2人）来店していただく、つまり、14人が来店すれば来店頻度10％アップはクリアできます。これは、あと2人のお客様に、同じ月にもう一度来店をしてもらえればいいということになります。

このように算数で計算した結果を見てみると、「来店頻度」を10％上げるということは、現状で考えて、そんなにたいへんなことではないことがわかります。とはいっても、同じ月にもう一度来店をしてもらうようにお客様に働きかけないといけないのですから、ここでは、どうしたら来店頻度を上げることができるのかをしっかりと考えていきましょう。

基本は、**お客様の「理想の状態」を実現するために、今より施術期間を短くすることでどんな機能価値と感情価値（30ページ）を得ることができるのかを、お客様に伝えて納得してもらう**ことです。

このとき、役に立つツールはポイントカードです。たとえば、買い上げ金額につきポイントを1つ押印でも、来店回数に応じての押印でも、魅力的な特典があるポイントカードなら、お客様は毎回の押印を楽しみにしているでしょう。

「今月もう一度ご来店をしていただいた場合、2倍のポイントを付与するキャンペーンを実施しているのです」と伝えることで、月内の来店のあと押しにしてはどうでしょう。

このように、利益を2倍にするために必要である「1.2倍の売上増」については、既存の固定客、ファン客の「客単価」と「来店頻度」を上げるということを、算数で考えてみると、そんなに難しいことではないことがわかったと思います。

今後、売上を分解して数字で考えることは、今後のサロンを発展させるためにとても重要です。あなたのサロンも常に売上・利益の現状を把握して、「サロンの未来地図」の結果を数字で評価できるようにしてみてください。

お客様を「くどく」ベストタイミング

固定客やファン客に対して、購入商品の点数を増やして客単価を上げたり、来店頻度を上げたりする働きかけは、施術中のお客様に発する言葉がポイントになります。

「施術の1つひとつのステップ」と「その効果」を言葉にだして、お客様に伝えることで、お客様が、あなたのサロンの価値を再認識できるからです。

フェイシャルエステの場合、このような言葉を発することが効果的です。

「まずは、クレンジングをします。うるおい成分配合のクレンジングクリームでお肌を洗浄しますね」（①）

「前回よりも、毛穴が引き締まってきましたね」（②）

「クレンジングクリームは、毎晩たっぷり手にとって優しくマッサージしてあげることで、キメが整いますので、さらに毛穴が引き締まりますよ」（③）

「次は、マッサージです。紫外線ダメージや乾燥に効果があるマッサージクリームを使い

ます」（④）
「少し、目の下の乾燥が気になりますね」（⑤）
「仕上げのパックをします。うるおいを補う保湿用のパックで、みずみずしいお肌をよみがえらせます」（⑥）
「お顔のパックにプラスして、目元専用のコラーゲンたっぷりパックをされませんか？目元にハリがでますよ」（⑦）

①④⑥にように、「今から何をして、どんな効果があるのか」は必ず伝えてください。リピートのお客様にも毎回お伝えするのがベストです。耳から聞く言葉は、お客様の中で「今、自分は理想の状態に近づいているのだ」ということを再認識させるので、たいへん効果的です。

②⑤のように、お客様の肌の状態なども、気づいた時点で率直に伝えるとよいでしょう。現状を正しく伝えるからこそ、⑦のような提案も、お客様としては受け入れやすくなるのです。

③は、商品の効果的な使い方や、その商品を使って得られる効果を伝えることで、店販商品の売上につながります。

施術中の「言葉かけ」は、お客様の潜在意識に働きかける重要なものなのです。

客単価、来客頻度を上げるアフターカウンセリング

施術を受けているときに、「今、何をしていて、どんな効果があるのか」を言葉で聞いたお客様は、施術後、心身とも満たされている状態になっています。

そして、施術後に、ゆったりとくつろげる環境を提供することで、お客様の満足度はさらに高まります。このとき、ドリンクなどをお出しして、リラックスした雰囲気の中で、アフターカウンセリングを行ってください。その日の「客単価」や、今後の「来店頻度」を上げることにつながる可能性が高まります。

アフターカウンセリングでは、当日行った施術の目的、内容、効果などを振り返りながら、お客様の現状や、理想の状態に導くプロセスなどを説明します。このときのポイントは、一方的に話すのではなく、お客様から何かを引き出したり、質問をしてもらえたりするような、会話のキャッチボールを心がけてください。

フェイシャルエステの場合、サロンケア、ホームケアの重要性はこのように伝えます。

「本日は、紫外線ダメージと乾燥ケアに重点を置いたフェイシャルコースのメニューでしたが、鈴木様、リラックスできましたか？」

「さきほど、目元専用のコラーゲンがたっぷりのパックもしましたので、今、目元が潤っていて、とてもおきれいです……どうですか？」

「鈴木様は、毛穴も引き締まってきているし、普段のお手入れの効果が出ていると思います。ただ、目の下の乾燥ですが、ご自宅でお手入れをするとき、お持ちの化粧品を、目元にしっかりと時間をかけて浸透させるように意識してみてください」

「こちらの目元専用美容液は、乾燥ケアだけではなく、血流改善の成分が入っているので、くまやくすみもスッキリすると思います。あとでメイクをされるときに、試してみてください。使い方は、……」

　このように、店販商品をすすめるときは、お客様のお肌の状態に合わせた最適な商品を紹介し、ホームケアでの使い方も丁寧に伝えてください。

「外の湿度と室内の冷房で、お肌は疲れが出やすい時期ですので、あまり間隔をあけず、2週間に一度はサロンでのお手入れをしてあげてくださいね」

お客様にとっての理想の状態が、どうすれば実現するのか、アフターカウンセリングを通じてお客様に伝えることで、「客単価」と「来店頻度」が上がっていくのです。

利益を稼ぐポイント　ヘアサロン

ヘアサロンのお客様は、多くの人が、髪の毛のカットやカラーのために来店します。1～3カ月に1回の頻度で来店するため、リピートするお客様も、もうサロンには慣れていきます。そして、何より施術を担当する美容師も慣れてしまい、「いつもの感じでいいですか?」と作業のように施術を始めようとする人が非常に多いのです。

「今日はどうしましょう?」と聞く美容師もいますが、しっかりと要望を伝えられるお客様はそう多くはいません。そう聞かれて答えられないお客様は「いつもと同じで」と答えてしまいます。

ヘアサロンで利益を出すためには、事前のカウンセリングが最も重要です。お客様の「悩み」「理想の状態」を聞き出すことはもちろんのこと、いかに、お客様がまだ知らない「お客様の魅力」をアドバイスしてあげることができるかで利益が違ってきます。

それには、お客様の全体の雰囲気、服装、仕事環境、家庭環境なども把握しておく必要があります。すべての項目において、その日に来店してくれたときの状態が最新なのですから、リピートのお客様であっても、毎回必ず確認してください。

そして、今日来店したお客様に、どんなメニューを提案すれば、その人の魅力を最大限に引き出してあげられるのか。それをしっかりと考えてください。

カット技術だけでなく、「パーマや縮毛矯正などで髪をデザインすること」の提案。

カラーをより長持ちさせて、髪本来の美しさも損なわせないための「汚れを落とす頭皮のシャンプー」や「髪のダメージを整えるトリートメント」の提案。

血行促進をさせることで、お顔まで若々しく輝きを取り戻すことができる「疲労回復・リラクゼーションのためのヘッドスパ」の提案。

提案した商品・サービスをお客様が購入することで、どんな世界を見せてあげることができるのか？　これを伝えることができれば、客単価も来店頻度も確実に上がります。

わたしが多くの美容師にいいたいことの1つは、あなたは「作業者」になっていませんか？ということです。**本来の美容師のあり方は「創造者」だと思います。あなたの手によって、お客様の麗《うるわ》しさや華やかさ、可憐さなどを引き出して、ヘアスタイルを創造するのです。「創造者」であることを忘れずに、お客様に提案をしてほしいと思います。**

利益を稼ぐポイント　エステサロン

美顔・美肌・痩身・脱毛などのエステサロンですが、リピートのお客様は、あなたのサロンのことを信頼しています。そして、サロンに通うことで、「悩み」を解消して「理想の状態」に近づきたいと思っています。

それにも関わらず、**エステサロンの場合、あなたのサロンのメニューを十分に把握していないお客様が多いという傾向が高いです。**だから、あなたが教えない限り、お客様は常に以前と同じメニューしか注文しないという結果になります。

そして、もしあなたが、お客様に何も新しい提案をしなかったとしたら、どうなると思いますか？　**お客様は、どこかほかで、お客様が本当は欲しかった提案を受けたとたん、あなたのサロンを去ってしまうことになるでしょう。**

お客様への情報提供は、お客様との会話が基本ですが、ウェイティングルーム、カウンセリングルーム、トイレの中や、化粧台などに、ポスターやポップをうまく活用して、店

内メニューや、店販商品の紹介をすると効果的です。

あと、施術のメニューブックをもっと活用しましょう。カウンセリング時の説明ツールとしてのみ使うのではなく、いつでもお客様が手にとって見ることができるように、店内の複数の場所に設置してください。

メニューブックには、目次をつけて、どのページに何が書かれているのかを明確にするとよいでしょう。単品メニューとセットメニューを分けると、お客様は読みやすいと思います。あとは、お得なキャンペーンは、施術のメニューだけでなく店販商品ものせて、お客様の目に留まるようにしてください。

そして重要なのは、メニューブックには、あなたのサロンの商品・サービスが、お客様にどんな変化を与えることができるのか。これを、機能価値と感情価値（30ページ）の両方が伝わるように記載することが重要です。

たとえば、デコルテケアの商品・サービスの効果・効用のあとには、「首〜鎖骨にかけての美しいラインを魅せる開放的な装いで、夏のバカンスをエンジョイしましょう！」という感情価値を伝えます。お客様がこの商品を購入することで、どんな世界を見ることができるのか、お客様に読ませて想像させるのです。

利益を稼ぐポイント　ネイルサロン

購入するメニューが毎回同じ、という方が多いのが、ネイルサロンに通うお客様の傾向です。ジェルネイル、ポリッシュ、スカルプチャー、毎回の施術メニューが前回と同じ。これに、ネイルアートする人は、毎回何らかのアートを注文するという感じでしょうか。

ネイルの場合は、お客様の好みもあるでしょうが、お客様の爪の特性や生活環境に寄るところも多いというのが現状なので、いたし方ないといえばそれまでです。そういう中、どうやって利益を稼いでいくかを、しっかりと考えていく必要があります。

まず、**お客様任せの施術メニューはやめにしましょう。**

ネイルサロンは、たいていの施術が、1時間半以上お客様との対面です。ここで、さまざまな会話があるわけですが、数多くのネイルサロンに行ったわたしでも、この施術時間にしっかりとネイルの提案をするネイリストには、なかなかお目にかかりません。

お客様との他愛もない会話はもちろん大切ですが、話が途切れたタイミングや、施術の

仕上げに近づいたタイミングで、次回の施術メニューの提案をしてほしいと思います。

メニューも、ネイルだけでなく、ハンドケアのメニューも必ず用意して提案してください。ハンドケアは、同じ時間の施術だとしても、効果・効用が違うメニューを複数用意することがポイントです。効果・効用というのは、お客様に提供する「機能価値」ですが、これも実はあなたが自由に設定できるものなのです。「パソコンで疲れたハンドをスッキリさせます」「血液循環・新陳代謝促進でハンドに潤いを与えます」など、あなたの固定客やファン客が喜んで買ってくれそうなメニューを提案してください。

仕上げは、爪先にオイルをなじませただけで終了するのではなく、肘下から指先までマッサージをし、「当店には要予約で本格的なハンドケアマッサージがある」ということをお客様に伝えましょう。数分間のマッサージでも、気持ち良さや効果を感じてくれたお客様には、次回予約の際、ハンドケアマッサージのオプションの注文もいただくようにしてください。「次回の施術後、○分お時間を頂戴してオプションのハンドケアマッサージをさせていただきますが、ご予約されませんか？　パソコンやスマホでお疲れの、肘下・手・指をしっかりとマッサージをさせていただきます」というようにしましょう。なお、お客様がオプション注文を忘れるといけないので、予約カードに次回メニューの記載をするなどで工夫をしてください。

サロンの店販商品は化粧品だけじゃない！

わたしが20代のころに初めて通ったエステサロンには、フェイシャルのコースを毎週、10年近く通いました。美容が命のわたしでしたから、いつも高額商品を購入して、そのサロンにとっては上顧客だったはずです。わたしが東京から大阪に転勤になったときも、同じエステサロンに通い続けました。その後、知人に紹介されたことがきっかけで、別のエステサロンに替えてしまったのですが、今でもわたしのクレンジングフォームと洗顔フォームは、最初に通ったエステサロンから購入をしています。

サロンの場合は、もちろんメインの施術でお客様には通い続けてほしいと思うのが本音だと思います。しかし、商品・サービスが施術だけだと、何らかの理由でお客様が通えなくなったときに、売上がパッタリ途絶えてしまいます。**お客様のリピート率をアップするという観点では、店販商品の販売にも力を入れることをおすすめしたいと思います。**

そして、あなたが店販商品の取り扱いを考える際にも、ぜひ「サロンの未来地図」をつくっ

て考えてみてください。「目的」は、「取り扱った店販商品の売上・利益が伸びる」こと。「誰の」は、「サロンに通い続けている固定客やファン客」と設定したらよいでしょう。「何のために」は、固定客とファン客が、「どんな世界を見たいと思っているのか」です。これをしっかり深掘りしてみると、「何をどうする」で、サロンに取りそろえたら買ってもらえそうな店販商品がいろいろと思いつくでしょう。

たとえば、エステリロンだから店販商品は化粧品だけというのは、たいへんもったいないことだと思います。エステサロンに通っているお客様のことを「9つの分野(56ページ)」で見てみるとどうでしょうか？「仕事」「お金」「住まい」「持ち物」「食べ物」「体験」「知性」「美容・健康」「人間関係」この中で、お客様の理想の状態を実現するためにサポートできる店販商品は、どんなものがあるか。きっと、化粧品以外にもいろいろとあるはずです。

最近では、商品の仕庫を持たないだけでなく、物流からお金の回収まで代行してくれるという会社も増えています。リスクや手間が少なく、お客様に喜んでもらえるという店販商品を検討してみてください。

ファン客向けの利益商品を考案する

ファン客とは、あなたのサロンと絆ができているお客様です。

たとえば、固定客は遠くに引っ越ししてしまったらそれっきりですが、ファン客は遠くに引っ越したとしても、何とかしてリピートしようとしてくれようとするでしょう。そして、「あなたのサロンに通い続けるから、あなたもずっとサロンを続けてね」と願っています。さらに、もはや売り手と買い手という関係性を超えて、あなたに何かあった場合は、いち早く駆けつけて助けてくれる、そのような存在です。

ファン客は、あなたのサロンが提供する商品・サービスに価値を感じているので、あなたにすすめられたら、価格を気にすることなく購入するという人たちです。

そこで、あなたにはぜひともファン客向けの商品を考案してほしいと思います。

このときも、もちろん「サロンの未来地図」をつくって考えてみます。「目的」は、「新商品を考案して売上・利益が伸びる」こと。「誰の」は、「サロンに通い続けているファン客」です。「何のために」はファン客が「どんな世界を見たいと思っているのか」。

エステサロンのオーナーであるあなたのファン客だったら、サロンオーナーとして成功していて充実した私生活を謳歌《おうか》しているあなたの世界を見たいと思っているかもしれません。だとしたら、レストランでのお食事会の開催や、旅行などもいいかもしれません。食事も旅行も、お客様が個人で予約するほうが安価で行けるはずです。なぜならば、あなたと一緒の食事会や旅行は、あなたの費用（プラスあなたの利益）が参加者の負担になるからです。ただ、ファン客は、あなたと一緒に時間を過ごし、ファン客が見たいと思う世界を堪能するのです。個人で行くより高価であったとしても、あなたの企画した食事会や旅行に参加したいと思うのです。

わたしの知っているサロンオーナーで成功している方々は皆さん、ファン客への商品・サービスを上手につくって、売上・利益に貢献されていらっしゃいます。

ちなみに、今の時代は、フェイスブックやLINEで個々人をグループ化することによりスムーズな情報の共有ができますが、**ファン客になる顧客層の場合、そのような十把一《じっぱひと》絡《から》げを嫌う方も多いので、気をつけましょう。ファン客への連絡は、One-on-one（1対1）を心がけたほうが無難だと思います。**

「購入して所有」ではなく「所属して利用」を提案する

これまでは、お客様が来店して、商品・サービスを購入したときに料金を払ってもらう、ということが当たり前でした。

最近では、あらかじめ、お客様に月会費を払ってもらい、使い放題にするというサービスが流行っています。

たとえば、ヘアサロンの場合。月会費を払ったお客様は、シャンプー、ブローのメニューを、月に何回でも受けることができるというもの。これに、前髪カット、ヘッドスパなども受けられるという内容にするならば、月会費ももっと高額に設定ができます。

もちろん、月会費を払うお客様の数が増え、予約がとりづらくなったとしたら、結果的には通い放題ではなくなってしまいます。固定客、ファン客の中で、このサービスを提案するお客様を見極めることは必要です。

また、複数のお客様への施術が対応できないという観点から発想を転換して、お客様に

自分で施術をしてもらうということもアイデアの1つでしょう。

たとえば、エステサロンの場合、痩身マシン、美顔器、水素吸引などをお客様が自分で使って施術するという「セルフサービス」の通い放題などは、お客様によっては喜ばれるかもしれません。

ほかにも、ヒーリングサロンの場合は、心の癒やしを求めるお客様に、メール相談や電話相談などのサービスなら、ひんぱんに来店できないお客様のニーズに応えることができるでしょう。

このように、**「サロンに所属して利用する」というサービスをお客様に提案することは、利益を出す1つの方策です。**ただし、このサービスを検討するときにも、必ず最初に「サロンの未来地図」をつくってください。

固定客、ファン客の中で、特にあなたがこのサービスを提供したいと思うお客様の「悩み（不都合やちょっとした不満など）」と「理想の状態」を明確にして、その人にどんな価値を提供できるのか。ここからしっかりと考えていかないと、せっかく利益の出るサービスに、あとから苦しめられる結果になってしまいます。

ファン客を「プラクティショナー」として養成する

あなたは、サロンの将来像を考えたことはありますか？

今、サロンで扱っている商品・サービスをお客様に購入し続けてもらうこともよいでしょう。しかし、それ以外の取り組みでサロンを発展させていくという考えもあります。

そのアイデアの1つとして、**ファン客をプラクティショナー（施術者）として養成することで、利益を稼ぐ**という方法があります。

たとえば、あなたのフェイシャルサロンに通っているファン客で、施術を受けるだけではなく、自分自身も施術ができるようになりたいと思っている人はいませんか？　そういったお客様を対象として、「プラクティショナー養成講座」を開催するのです。講師はあなたです。

受講者（ファン客）が一定のカリキュラムを修了して、プラクティショナーとして合格であると判断した場合に、認定証を発行します。

プラクティショナーを志望する人の動機はさまざまでしょう。ホームケアで自分自身に実践してみたいという人もいれば、家族や友人に施術をしたいという人もいるでしょう。あなたのようなエステティシャンに憧れている人もいるかもしれません。

「プラクティショナー養成講座」を通じて、本格的に自分自身でサロンを立ち上げたいと思う人が出てくる可能性があります。その場合は、「プロフェッショナル養成講座」を開催して、接客や店舗運営について教えてあげることが必要になってきます。

ちなみに、養成講座の内容については、いろいろなパターンで考えることができると思います。

たとえば、美容師になるには、国家資格が必要です。でも、シャンプーやヘッドスパの技術をファンに伝授してプラクティショナーを養成することはできます。

このアイデアを形にするときも、「サロンの未来地図」は必ずつくってくださいね。物事を始めるときは、必ず「目的」があり「誰の」「何のために」「何をどうする」という全体像をしっかりと把握してから行動をすることが基本です。

ノウハウを販売する

商品・サービスをお客様に購入し続けてもらうこと以外の取り組みで、サロンを発展させていくという方法はほかにもあります。

あなたがこれまでサロン経営をしてきて、ノウハウとして蓄積できたと感じることには、どんなことがありますか？

・お客様の「悩み」の解決方法
・お客様の「理想の状態」の実現方法
・効果の出る施術の理論的裏づけ
・リピートされる接客術
・売れるメニューづくり
・集客が実現する販売促進

サロン経営を通して、結果が出たプロセスや、あなたのサロンならではの極意などをノ

ウハウとしてまとめることができれば、ほかのサロン経営のオーナーにそれを販売することができます。

販売の方法としては、セミナーや動画での提供のほか、書籍などにまとめるというやり方もあります。

また、あなたが一方的に情報を発信するという方法以外にも、ノウハウを販売する方法が考えられます。同業者やこれからサロン経営を始めたいと思っている人に対して、コンサルティングを行うのです。

この場合のお客様は、あなたのサロンの固定客やファン客とは別の層です。ですからあなたは、これまでのサロン経営をしていたのとは別の、新しい事業を立ち上げるということになります。

この事業のポイントは、提供するノウハウには、ほとんど原価がかからないということ。ノウハウの提供は、価格が高めに設定できるため、利益が稼げる事業となります。

「サロンの未来地図」の「目的」を「ノウハウ販売の新規事業を立ち上げる」とし、この事業のお客様の絞り込みを行っていくことから始めてください。

判断基準に「数字」を取り入れる

サロン経営がうまくいっているオーナーは、やはり計数管理をしっかりとしています。

計数管理とは、勘や経験によって経営を行うのではなく、客観的な数字によって経営を把握し、今後の意思決定に活用していくというしくみです。

たとえば、あなたが将来、美を創造するエステティシャンを輩出するスクールを立ち上げるという志《こころざし》を持っていて、それを3年後に実現したいと思っているとします。あなたの将来像は、どのような計数管理を行えば実現するのでしょうか?

将来像を実現するには、３年間で３００万円が必要だとしましょう。そのためには、年間１００万円の利益を獲得するという「利益計画」が必要です。

その利益を獲得するためには、売上をいくら稼げばいいのか。その売上を実現するために、費用はどこまでかけていいのか、しっかりとした計画が必要になります。

「利益計画」の公式は次のとおりです。

予定の売上ー目標の利益＝許容される費用

あなたが、サロンの将来像を実現するために必要な利益を獲得するには、売上目標をいくらに設定すればいいのか。費用は、仕入や販売管理費（家賃・水道光熱費・人件費・広告宣伝費など）で、いくらまでなら許容されるのか。そして、それを実現する行動はどうすればいいのか？　これを、年・半期・四半期・月・週・日で計画を立てます。

立てた計画は、これからのサロン経営の指標として活用します。そして、日・週・月・四半期・半期・年で、実際の数字と計画の数字を対比して、確認をしていくのです。

ここでのポイントは、実際と計画の数字の比較で、あなたが、サロンの問題や課題に気がつけるかということです。問題の本質を見極め、課題に対して適切な対応策がとれるかどうかということが重要なのです。

なんだか難しくて、頭が痛くなってきましたか？　大丈夫です。最近は、使い勝手のよい会計ソフトも種類がたくさんあります。そして、あなたをサポートしてくれる税理士や中小企業診断士などの専門家もいます。

サロンオーナーであるあなたは、まずは、**勘や経験ではなく、客観的な数字によって経営を把握し、今後の意思決定に活用していくのだという決意を持ってください。その意識の変化が、あなたの行動にも影響を与えるはずです。**

対象顧客を見直す

ここまで、利益を増大させるために、いろいろな取り組みを紹介してきました。最後に、対象顧客を見直すというアイデアを紹介しておきます。

少し前までの時代でしたら、美容といえば女性でしたが、平成の時代以降、多くの男性が美容に対して興味を持ち始めているようです。

男性が解消したい悩みの代表は、口元（歯の黄ばみ・歯並び）、肌（脂・ニキビ・ニキビ跡）、体毛（ひげ・眉毛・ムダ毛）、頭髪（薄毛・クセ毛）、臭い（口臭・体臭）などです。さらに、理想の状態を追求する過程で、爪を磨いたり、化粧をしたりする男性も出てきました。

女性向けのビューティサロンは、いうなればレッドオーシャン（競争の激しい市場）ですが、男性向けのビューティサロンは、今はまだ、そんなに競争相手も多くないビジネスではないでしょうか。

わたしの知っている企業で、ヘアサロン（美容室）を経営していたオーナーが、新たに

理容室をオープンし、たいへんうまくいっている事例があります。

年収もファッション感度も高い35歳前後の男性客が、女性客に交じって髪を切ることに抵抗があることに着目した、こだわりの理容室です。おしゃれなライフスタイル（ファッション、音楽、空間、ドリンクなど）の提案を行うという独自のコンセプトで、「理容室の短い滞在時間で、ヘアサロンの高い価格」を実現しました。たいへんな繁盛店となり、利益をしっかり稼げているのは、男性客に目をつけたところが大きかったと思います。

また、ある脱毛サロンは、入口のドアを開けると正面に受付があるのですが、右が女性用の施術部屋、左が男性用の施術部屋と分けています。完全予約制のため、男性客と女性客が鉢合わせることもありません。オーナーに話を聞くと、女性よりも男性のほうが、ムダ毛の処理に熱心なお客様が多いという興味深い情報もありました。

令和の時代になった今、男性の美意識もこれまでとはますます違う価値観となってくるでしょう。そのときに、彼らの悩みの解消や理想の状態の実現を、あなたのサロンが提供できたら、面白いことになるのではないでしょうか。

男性陣を「潜在客→見込客→新規客→固定客→ファン客」というふうに育てていくことで、あなたのサロンが発展していく。こんなことを考えてみてもいいかもしれませんね。

サロン経営を成功に導いたコンサルティング事例4

1．業態　ヒーリングサロン

2．相談者の状況と相談内容

独特の手法を用いて、お客様が不調を感じる身体の箇所にエネルギーを流し、身体を整えるという施術で10年間サロンを続けているD子さん。リピートのお客様には、透視を用いてその人の悩みのアドバイスをするというカウンセリングも実施しています。

今後、施術ではなく、カウンセリングをメインとしたサロンに変えていきたいというD子さん。集客をどのようにすればいいかということで、相談に来られました。

3．コンサルティング内容

幼少のころから目には見えない世界に興味があったD子さん。20年ほど従事したヒーリングの師匠が引退するときに、お客様を引き継いだのが、サロンをオープンしたきっかけとのこと。その後、口コミやお客様の紹介で新規客が獲得できていたので、これまで集客について考えたことはなかったそうです。

施術は、老若男女さまざまなお客様が来店しています。D子さんの施術スタイルは、お客様との対話も重要視しているため、リピートのお客様で心を開いてくれる人の場合、その人の悩みや迷いということがD子さんにもわかってくるそう。そのタイミングで、透視のことを話して興味を持った人にカウンセリングを行ってきたそうです。

対応策①透視の商品をリピートしてくれるお客様は、どんな人が多いのか。特徴、悩み、迷いなどを明らかにしました。（「サロンの未来地図」ステップ2「お客様の絞り込み」）

対応策②リピート客にとって、透視の商品の機能価値と感情価値とは何なのかを、言葉にして書き出してみました。（「サロンの未来地図」ステップ3「価値を明確にする」）

4. 結果

透視の商品をリピートしてくれるお客様は、意外にも、男性の経営者や管理職などの人が多いということがわかりました。これらのお客様は、肩凝り、腰痛などがあり、知人の紹介で来店したようです。身体のメンテナンスで来店していて、お客様がD子さんのことを信頼してくれるようになったころから、悩み事やどうしたらいいのだろうかという相談事が多くなるのだそう。

D子さんは、今後、透視の商品をメインにしていきたいとの思いでしたが、男性の経営者などには、その価値を言葉で伝えることが難しいうえ、透視の商品は、お客様との信頼関係があってこそ販売ができる性質の商品です。

そこで、施術をメインとしたこれまでのヒーリングサロンを、男性の経営者や管理職などに対象顧客を絞って、新規客を集客する方向性を提案しました。その後、ホームページやフェイスブック、チラシなどの販売促進のツールを活用することで、男性客が増え、結果として透視の商品の販売増加につながりました。

～コンサルティング事例からのメッセージ～

物事を変えていく際、まずは、現状を把握することが基本です。

第５章

サロンを成長発展させる経営者がしていること

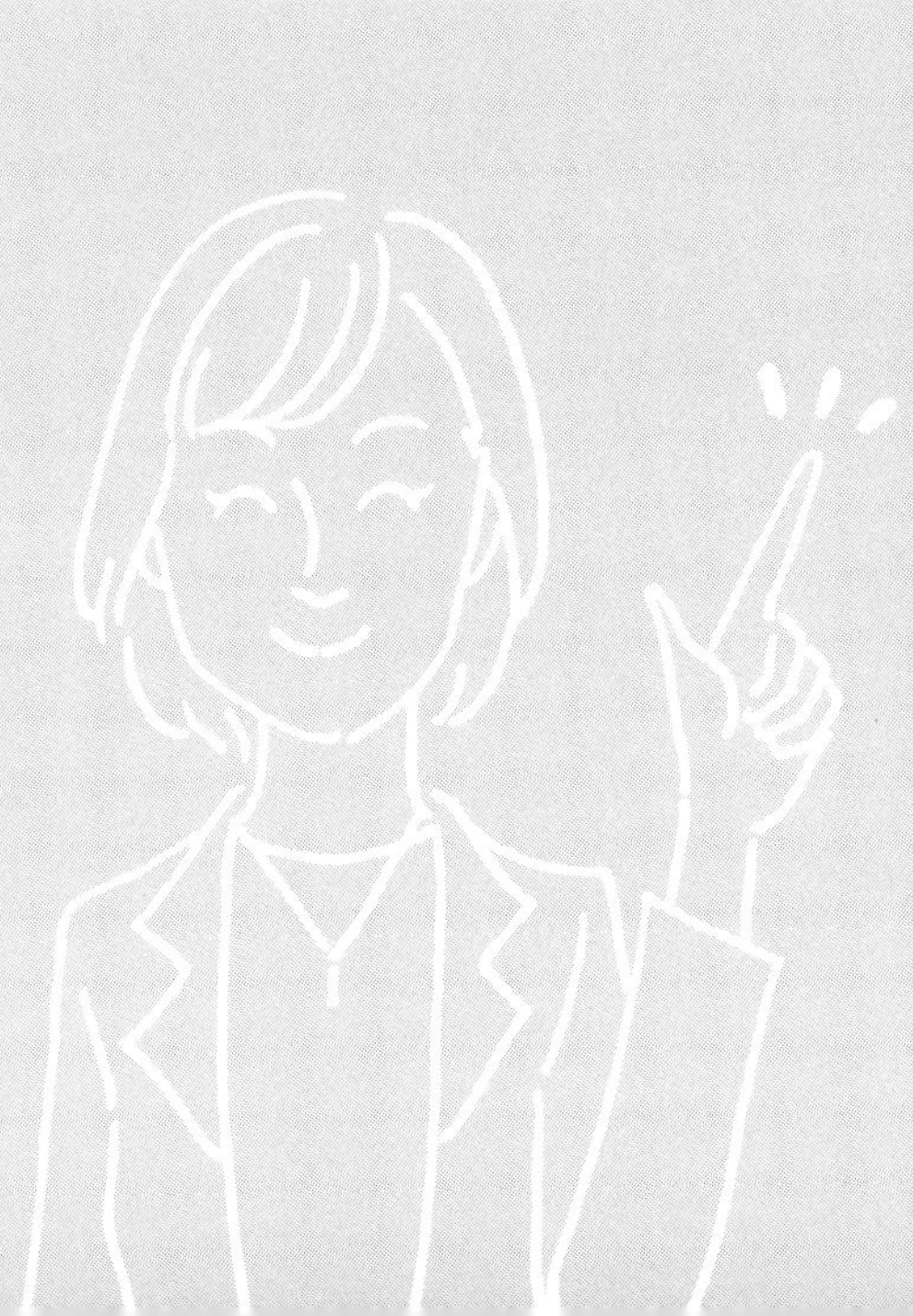

言葉があなたの世界をつくる

サロンの経営を通じて、あなたは日々考え、行動し、お客様と関わっています。うまくいくために必要なことは、「言葉」というものをあなたがどう扱っていくのか、これがポイントになると思います。

まず、わたしたちが自分の心でつぶやく言葉。この数は、1日あたり数万に及ぶといわれています。**あなたがつぶやく言葉は、あなた自身に大きく影響を及ぼす存在であるということを知ってください。**

たとえばあなたが、何か大きな失敗をしてしまって「わたしはダメだ！」とつぶやいたとしましょう。そのあとも、「あんな失敗をしてしまうなんて、わたしはなんてダメな人間なんだ」とつぶやき続けたらどうなると思いますか？「失敗をしてしまうダメな人間」という自分を、あなたは自分の言葉によってつくり出していっていることになるのです。

実は、失敗をしてしまったときに感じた「いやな気持ちや焦り」などは、わたしたちの心の中の単なる「反応」にすぎません。あなたに起きた事実を、あなたの脳が勝手に解釈したために「いやな気持ちや焦り」の反応が起きているにすぎないのです。ですから、起きた反応に引きずられないようにすることが重要です。

もちろん、失敗したなら、その原因と対策を考えることは大切です。しかし、失敗をしてしまったということと、あなたがどういう人かということは、別物です。

そして、知っていただきたいことは、あなたがどういう人かということは、あなた自身が言葉でつくり出すことができるということです。

失敗をしたときこそ、「あらゆる出来事に、楽しんで対応できる自分である」というような可能性あふれる自分を、あなたの言葉でつくり出していくことをおすすめします。

こんなサロンオーナーがいました。サロン経営を始めたばかりで、夢のある将来像を語ってくれるのですが、「でも今は始めたばかりなので、たいへんで苦労が多いのは当たり前だと思っています」と何度もおっしゃるのです。このオーナーは、「サロン経営はたいへんで苦労が多い」という世界をつくり出しているのだなと感じました。

あなたの生きている世界は、あなたが自分の言葉でつくり出していることを肝に銘じてください。そして、自分の言葉で、あなた自身がワクワクしてイキイキと過ごせる、そんな世界をつくり出していきましょう。

オーナーの仕事は「決める」こと

あなたが今サロンを経営できているのは、過去のあるときに、あなたがサロン経営をすると決めたからにほかなりません。あなたが「決断」したから「実現」したのです。当時を振り返ってみてほしいのですが、決断をする前、あなた自身がサロン経営をしているという「実現したい結果」を頭の中でイメージしたことが最初だったと思います。もちろん、「昔から漠然とサロンを経営するのが夢だった」というのもイメージです。

そして、あなたはそのイメージを言葉で宣言しました。「わたしは、サロンのオーナーになる」と。ほかにもあなたには選択肢があったはずです。そんな中、あなたはサロン経営をするという選択をしたのです。

併せてあなたは、「オープンはいつまでに」「オープン当初、売上や利益はいくらのサロン」というように、サロン経営を実現するための「具体的な数字」も決めました。だからそれに向けて行動して、今があるというわけなのです。

このように、「イメージ→言語化→数値化→行動」というステップは、人が物事を実現させるために、必ず通る道です。

一方、「決めることができない」というときのことを思い出してください。「実現したい結果をイメージできない」「実現したいことを言葉にできない」「具体的な数字が出せない」「出した数字に自信がない」このような場合、迷ってしまい、決断できませんよね。

ただ、この、決められずにいつまでも迷うということは、貴重な時間をむだに過ごしていることと同じだということを知っておいてください。

やるともやらないとも決めかねるとき、実はそれは、あなたにとって前進がないということと同じなのです。決められないことは停止を意味するのです。

経営者の仕事は「決める」ことの連続です。あなたは、サロンのオーナーとして、これからも常に「決断」をする局面に立たされるでしょう。でも、やると決めたら、それに邁進できるし、やらないと決めたら、結果として別の行動がとれます。**「やる」も「やらない」も、あなたがパワフルに選択することで、あなたのサロン経営が前進するということなのです。**

セルフイメージどおりの人生になる

セルフイメージとは、自分自身について「わたしはこういう人間だ」と思っているイメージのこと。「わたしは社交的だ」とか「わたしはいつでも冷静な人間だ」など、自分自身に対して思うイメージは、少なくても2つ、3つはあるのではないでしょうか？

わたしも自身のことを「わたしは負けず嫌いだ」というセルフイメージでとらえていました。たとえば、夕方混んだスーパーマーケットで、長蛇のレジ列に並ばなくてはいけないとき。負けず嫌いのわたしは、まず、一番早く進みそうなレジを見つけてその列に並びます。次に、両隣のレジ列の最後尾の人を覚えます。そして「両隣の人よりも早くレジを通過する」という勝負を毎回しかけていました。もし、その勝負に負けたとしたら、「レジのキャッシャーを見る目がなかったー」と本気で悔しがる、そんな人間でした。

あるときわたしは、負けず嫌いによって、いつもイライラしている自分に気がつきました。そしてイライラすることで、愛や親しさというものがなく、自分らしい自由な自己表現に制限がかかり、怒るたびに首筋に緊張がかかるという健康すらも損なっていることに気がつきました。

そこでわたしは、この負けず嫌いであることを手放し、「愛あふれる人である」という新しいセルフイメージをつくり出すことにしたのです。

その後どうなったかというと、スーパーマーケットのレジで他人との勝ち負けの争いは一切しなくなりました。毎日イライラしていたことが、1つ確実になくなるだけで、心は穏やかさを取り戻すことができました。スーパーマーケットだけでなく、電車に乗るときなども、周りの人はいつも自分の勝ち負けの対象だったのですが、混んだ電車の中ですら、譲り合うという心の余裕が生まれるようになりました。

そしてなにより、わたしが得た一番の成果は、深い人間関係が構築できるようになったということです。これまで、仲良くなった人と勝ち負けの争いをしてしまうのがいやで、あえて人と関わるのを避けていたわたしでした。しかし今では、自然と人と関わることができるようになり、さまざまな体験を通して、人生の幅が大きく広がることとなりました。

このように、**セルフイメージは人の感情や行動に深く関わっています。そして、セルフイメージをコントロールできれば、サロン経営を成長・発展させることも可能なのです。**

1つ上のステージのセルフイメージをつくる

わたしが「負けず嫌い」から「愛あふれる」にセルフイメージを換えたように、セルフイメージは、誰でも自由につくり換えることができます。

では、あなたのサロン経営を成長・発展させるために、どのようにセルフイメージをつくっていけばよいでしょうか。

人の脳は、実際に起きている事実と、自分が強く信じていることや、思い込んでいることとの区別がつかないといわれています。たとえば、レモンや梅干しを想像するだけで、口の中に唾があふれてくるというような体験をしたことはありませんか？　実際には、口の中にはレモンも梅干しも入っていません。ところが、わたしたちはレモンも梅干しも酸っぱい食べ物だと思い込んでいるので、それを脳でイメージしただけで、体が勝手に反応してしまうのです。

このように、もしあなたが、サロン経営を通じてもっと高いレベルの成功を手に入れたいと思うのなら、今より1つ上のステージのセルフイメージをつくることをおすすめします。**今より1つ上のステージのセルフイメージがあなたの中に定着すると、あなたの脳はそれを事実だと思い込み、それにふさわしい思考や言動をするようになります。結果として、あなたの将来はあなたがイメージしたとおりになるということなのです。**

あなたが、「わたしは腕のいいエステティシャンである」というセルフイメージを持っているとしましょう。それより1つ上のステージのセルフイメージとは、たとえば「売上・利益を稼げる優秀な経営者である」というイメージを追加でつくるということです。

もし、「……な経営者である」という断定するいい方が自分の中でしっくりいかないと思ったとしたら、「わたしは腕のいいエステティシャンである。そして、売上・利益を稼げる優秀な経営者になっている」という現在進行形の言葉に換えてもよいでしょう。

新しくつくったセルフイメージは、あなたの潜在意識に刷り込ませることが必要です。セルフイメージは紙に書いて貼っておくなどし、朝起きたとき、昼、夜寝る前と1日に3回以上は音読してください。そして、できれば3カ月以上は継続してみてください。そのころにはきっと、あなたの思考や言動が今までとは違ってきているはずです。

「サロンの未来地図」で確実に成功する心構え

あなたがサロンを経営していく中で、あなたの実現したい「目的」を達成するために、どんなお客様に働きかけをしていくのか。そのために「サロンの未来地図」では、「誰の」「何のために」「何をどうする」というそれぞれの要素をつくり上げていきました。

その未来地図を見ながらサロンを経営するのは、あなたです。ここでは、効果的に成果を出すための、未来地図の取り組み方の3つの心構えを伝えたいと思います。

まず1つ目は、**物事に取り組むときに「やらなきゃ」と思うのではなく、「やりたい！」「やろう！」と思うことが成果を出すための基本である**ということを覚えておいてください。あなたは、自分が決めた人生を生きています。そして、今、自分がやりたいことに邁進していますか。人生をパワフルに生きて、前向きに楽しんで物事に取り組むことができる人だけが、その成果を得ることができます。

そして、2つ目は**「お客様の興味が、自分の興味」と心得てお客様と関わる**ということ。

これは、常にお客様の世界の中で、お客様に対応するということです。

人が、相手に興味が持てない原因の1つは、自分の世界と相手の世界を比べてしまうから。自分の世界を手放して相手と対応すると、何も知らない、わからないというところから始まります。だから、相手の世界を知りたくてしょうがないという状況になります。たとえるなら、産まれたばかりの赤ちゃんは泣くしかしません。お母さんは、赤ちゃんの泣き声や表情だけから、必死で赤ちゃんの現状や要望を探り出しますよね。そんなふうに、あなたもお客様と関わってください。これができると、お客様から愛されるようになるので、驚くほど良い結果が出ます。

最後3つ目は**「お客様とは常にコミュニケーションの中にいる」ということを実践すること**。たとえば、あなたが、お客様の言っている意図がわからないと感じた場合。コミュニケーションの中にいるということは、お客様にその意図の確認をするということです。これにより、お客様との会話が前進します。一方、コミュニケーションの中にいないということは、お客様に聞かずに自分で考えるということ。これには後退はあっても前進はないですよね。

この3つは、簡単にできそうでなかなか難しい心構えだと思います。ですが、未来地図の成果を効果的に得たいと思うなら、ぜひとも実践してみてください。

「ゲーム」で目標を達成する

サッカー、バスケットボール、野球などのスポーツがゲームとして成立するのは、得点という結果が明確にあるからです。

「サロンの未来地図」でも、設定した「目的」を成し遂げるために、売上や利益、客数などの数値目標があるわけですが、ただそれだけで評価するのは、無機質で面白みに欠けると思うのです。そこで提案したいのが、**お客様への具体的な働きかけの結果が確認できる「ゲーム」を創作してみる**ということです。ゲームをプレイすることでワクワクする、そんなルールを考えてみましょう。

たとえば、「お客様をどれだけ笑顔にできるか」というゲーム。この結果としては、たとえば、お客様への具体的な働きかけである「次回予約」や「店販商品販売個数」などで評価することができますよね。

得点の考え方は、たとえば、1カ月以内に次回予約をしてくれたら1ポイント。店販商品は、販売個数1点につき1ポイントなど。

ただし、あくまでもこのゲームの主旨は「お客様をどれだけ笑顔にできるか」です。お客様を笑顔にできたとしても、お客様の仕事が忙しく、次の予約はとらずに帰るということもあるでしょう。あなたからイイ商品をすすめられたと喜んでくれたとしても、今は手持ちの他社商品がまだあるからと、販売につながらないこともあるでしょう。

だからこそ、このゲームでは、お客様を笑顔にすることに、あなたが心から楽しんで取り組むことができたら、これも1ポイントとして得点をつけるのです。

1カ月以内の予約のおすすめや、店販商品の紹介が、楽しくできた（お客様を笑顔にできた）と思えたら、バックヤードに貼り付けた用紙にハートを1つ書きます。その結果として、予約や販売につながれば、ハートを塗りつぶすのです。白いハートと塗りつぶしたハート。もちろん、塗りつぶしたハートが多くなることが理想ですが、楽しんで取り組んだことも、きちんと評価できるルールにするのです。

目標達成は、結果を出すためのプロセスを丁寧に取り組めるかが重要です。楽しんで取り組みにチャレンジすることで、結果として成果を得ることができるというような「ゲーム」を、あなたのサロンでもやってみてください。

今日の出来事を完了してから寝る

あなたがサロンを経営するうえで、大切にすべきものが6つあります。
それは、「人・モノ・金・時間・情報・知的財産」です。

わたしが開催するマーケティング戦略のセミナーで受講者に質問しても、「時間」を答えられる人はそんなに多くいません。

時間とは目に見えず、すべての人類に平等に与えられているものなので、わたしたちはそれを、あたかも空気のように扱ってしまいがちです。

ところが、「時間を制するものが人生を制す」という言葉のとおり、時間を貴重なものと認識して日々を過ごすのと過ごさないでは、のちに大きな違いを生むことになります。

わたしたちが生きていく中で、毎日、本当にいろいろなことが起こります。

お客様が来店して充実した時間もあれば、思ったように作業が進まない時間もあります。

お客様や取引先とのコミュニケーションが活発だった日もあれば、なぜかスムーズにこと

が運ばないような日もあるでしょう。そういった日々の出来事に、あなたの心が反応してイライラしたり、落ち込んだり、または、勝手な解釈をして考えにふけったりすることは、時間を浪費する行為といえるでしょう。

少なくとも、**今日起きた、あなたが気にかかっている出来事については、今日のうちにすべてクリアにすることが必要です。夜寝る前までにそれができないと、明日に持ち越してしまうことになるので、今日の出来事はその日のうちに完了させてから眠りについてください。**完了のやり方は、このようにします。

「今日は、○○という出来事があり、そのとき△△だとわたしは感じた。今まだ、心にイライラしたものがある」と、まずは起きた事実と、自分の心の中にあることをすべて言います。次に、「○○は起きたこと。ただそれだけ。△△はわたしが感じたことで、起きた事実に反応しただけ。ただそれだけ」と、出来事と心の反応について、区別して表します。そして最後、こう宣言します。「わたしは、今、このことを完了します」

このように、言葉に出して完了することで、脳は勝手に、それまでイライラしていたことを終わらせようとしてくれます。何かが起こるたびに行うことで、どんなことでも「完了したこと」として受け入れられるようになります。

明日の予定も「完了」してから寝る

サロンのオーナーとして忙しい毎日を過ごす中で、より時間を効果的、効率的に活用できるための方法を紹介したいと思います。

明日の予定は、前日の夜までに立てて、そして予定を完了させて寝てください。

明日の予定を完了させるとは、何を馬鹿なことをいっているのかと思うかもしれませんが、わたしは真面目です。

たとえば、明日、お客様が来店する予定が入っているとします。スケジュール帳に「10時~12時：鈴木様来店」と書きます。そして、この予定を想像してほしいのです。

明日は、鈴木様が、2カ月ぶりにボディマッサージを受けに来てくれる。まずは、この2カ月間の疲れをスッキリと解消して差し上げよう。施術後、鈴木様は大満足で、2週間後に予約を入れてくれ、引き締めジェルも購入してくれるはず。

こんなハッピーエンドの想像ができたら、スケジュール帳に過去完了形でこう書きます。

「施術がうまくいき、大満足の鈴木様は、２週間後に予約を入れてくれ、店販商品も購入してくれた。素晴らしい！」

実際に書いて、声に出して読むことができればいうことはありません。

手で文字を書いたり、パソコンでキーボード入力をしたり、目で見て、声に出して、その言葉を耳で聞くのです。あなたの脳は、あたかも明日の10時からの仕事がハッピーエンドで完了したと錯覚して、眠りにつくことになります。こうすれば、翌日の10時からの予定は、きっとうまくいくはずです。

もし、明日のスケジュールに気のりのしない予定があるのなら、特にこの方法をおすすめします。気のりがしない理由は、何かがいやだったり、不安だったり感じることがあるからかもしれません。そういった気がかりがあるままでその予定を行動すると、良い結果が出にくくなります。

「13時～13時20分：クレーム対応電話。お客様の言い分を受け取って、こちらも事情をしっかりと説明できた。最後はお客様と和解ができた。素晴らしい！」

このように**どんな予定でも、夜寝る前に、ハッピーエンドで完了することで、翌日の行動には迷いがなくなり、予定どおりに進むことになるのです。**

人とのご縁を大切にする

経営に大切な6つは、「人・モノ・金・時間・情報・知的財産」でしたよね。では、この中で一番重要なものは、何だと思いますか？

答えは「人」です。なぜかというと、金もモノも時間も情報も知的財産も、それらを使いこなすのは「人」だから。

この「人」とは、単純に「人間」そのものということではありません。個人の能力や精神力を指すこともあるでしょう。しかし、経営者にとっては、人とのご縁ということも意味するのではないかとわたしは思います。

サロンの経営をしていると、良いときも悪いときもあります。誰にでもそういう状況が訪れるとして、最終的にはうまくいくオーナーと、うまくいかないオーナーに分かれるとしたら、それは、人とのご縁を大切にしているかどうかで決まるような気がします。

ちなみに、「人脈がある」ということは、単に名刺交換をして相手を知っているということではありません。相手が自分のことをよく知っていて、自分のことを大切に思っているという関係が築けている状態を「人脈がある」といいます。そういう関係にあるからこそ、何かあったときに、こちらのお願いを聞いてくれるのです。

では、どのようにしたら、相手とそのような関係が築けるのでしょうか？

それには、まず相手に与えることができるかどうかで決まるのではないでしょうか。**モノや金といった形のあるもののほか、思いやりや優しさ、情報、知識などの形のないものを、自分が欲しいと求めるのではなく、先に相手に与えることができるかどうか。そして、実際に、相手に与えることができなくても、常に相手に与えようという気持ちがあるかどうか。**これが、深い人間関係を構築する肝《きも》ではないかと思うのです。

人とのご縁を大切にする人は、ご縁のあった相手との関係性が深まることで、最終的にはいろいろな人から応援され、支持されているという事例をたくさん知っています。

そして、あなたが、もしこれまでご縁を大切にしてこなかったことを悔やんだとしても大丈夫です。ご縁の大切さに気がついたこの瞬間から、相手に対して先に与えるということを忘れなければいい、それだけです。

自分の役割に気がつくこと

人は皆、父親と母親から生を受けてこの世に誕生しました。そして、それぞれの環境の中で育ち、今の自分が存在しています。そんな**わたしたちの生きる目的は、自分の生まれてきた役割に気づき、人生においてその役割を果たしていく**ことではないかと思います。人生における自分の役割とは、すなわち、自分の強みを活かすことです。

多くの教育プログラムが、自分の弱みや欠点を克服することに重点をおいていますが、わたしは、それに賛同することができません。わたしたちは、1人ひとりが素晴らしい資質を持っています。その中で、特徴的な資質が自分の強みとなります。たとえば、頑固さ、神経質といった欠点でさえ、それが力を生み出すなら強みとなり得るのです。そして、**その強みを発揮して生きることが、役割を果たして生きることになる**とわたしは考えます。

わたしの経営コンサルティングのスタンスは、「ご相談者の強みを伸ばす方向性でビジネスのアドバイスをする」ということです。

実は、わたしの継続的なコンサルティングを希望される方に対しては、コンサルティング開始までに必ず受けてもらうものがあります。それは、「ストレングス・ファインダー®」というウェブテストです。アメリカで開発された、人の強みの元を見つけ出すツールで、177の質問に答えることで自分の強みが明らかになるというものです。テストの結果を確認することで、わたしは、その方の強みを最大限活かして経営の成果を出すという方向性で、コンサルティングを行うのです。

もし、あなたが自分の強みを知りたいのなら、トム・ラス著の『さあ、才能《じぶん》に目覚めよう 新版 ストレングス・ファインダー2.0』（日本経済新聞出版社）をおすすめします。巻末のアクセスコードを入手すれば、ウェブテスト「ストレングス・ファインダー®」を受けることができます。ちなみに、わたし強みのトップ5は、「戦略性」「活発性」「最上志向」「未来志向」「親密性」でした。

「ご相談者の「未来」を描き、それを「戦略的」に考え、「最上」を目指していく。そして、その描いた未来を「活発的」に、そして「親密さ」を持ってご相談者と一緒に成し遂げていく」

まさに、これがわたしの役割だと思っており、わたしは、その役割を果たすべく生かされているのだと、日々邁進しています。

サロン経営に「愛」を

人とのご縁を大切にすることも、人生における自分の役割を果たすことも、実は、あなたの心に「愛」があるかが大きなポイントになります。

「インド独立の父」である政治指導者のマハトマ・ガンディーは、「人類が意識的に愛の法則に従うかどうかはわかりません。だからといってわたしは心配したりしません。愛の法則は我々が受け入れるか否かにかかわらず、万有引力の法則と同じように作用するからです」といっています。

万有引力の法則とは「地上においてのみならず、この宇宙においてはどこでもすべての物体は互いに引き寄せる作用を及ぼしあっている」とする考え方、法則のこと。マハトマ・ガンディーは、「愛情を持って対応すると愛が返ってくるし、愛情を持たずに対応すると愛のないものが返ってくる」ということを、わたしたちに教えてくれているのです。

わたしたち人間は、1人で生きていくことはできません。必ず誰かと関わりながら生き

ることになります。そして、人生における自分の役割を果たすこともまた、誰かしら自分以外の人と関わることになるのではないでしょうか。

サロン経営をしていく中、愛情を持って接すれば愛を引き寄せ、愛情を持たずに接すれば愛のないものを引き寄せるとしたら、ぜひとも積極的に愛を引き寄せたいと思いますよね。とはいっても、日々、いろいろなことがあります。正直、愛あふれる気分のときもあれば、いらだったり、怒ったり、羨望を感じたり、批判したりと、愛とは正反対の後ろ向きの気持ちでいっぱいになるときもあります。そんなときどうすればいいでしょう？

「感謝」することが、愛の気持ちを呼び起こしてくれる魔法だとわたしは信じています。「ありがとうございます」という感謝の言葉ほど、愛が充満する言葉はほかにないのではと思っています。実はわたしは、暇さえあれば「ありがとう」と言うようにしています。というか、気づいたら、いつもひとり言で「ありがとう」とつぶやいているのです。

だから、もしあなたが、後ろ向きの感情にさいなまれたら、そんなときこそ、何かに感謝をしてみてください。何にも感謝できなかったときは、「こんなに腹が立つほど、感情が豊かな自分であることに感謝します。ありがとう！」と言ってください。感謝の言葉が言えたとしたら、あなたの感情は、きっと愛情のほうが大きくなり始めるはずですから。

ありのままでいい

明治3年に、わたしの故郷の石川県金沢市で生誕した、鈴《すず》木《き》大《だい》拙《せつ》氏は、世界的な仏教哲学者です。

『鈴木大拙全集〔増補新版〕』第8巻に、鈴木大拙氏のこんな言葉がのっています。

「あるがままのある」では、草も木もそうである、
猫も犬もそうである、山も河もそうである。
「ある」が「ある」でないということがあって、
それが「あるがまま」に還るとき、
それが本来の「あるがままのある」である。

この言葉からわたしが思うことは、いつでもどんなときでも、自分らしさを見失わずに

生きていこうという決意です。「ある」が「ある」であるとき、それが「あるがままのある」なのだと。

わたしは、想像力が豊かで、どちらかというと自由奔放なタイプの人間です。小さいころから、自分は『赤毛のアン』の主人公アンによく似ていると思っていました。そんなわたしが、日本の学校教育を受け、社会に出て会社員として日々を過ごす中、自分のことをこんなふうに思うようになっていきました。「こんな自分じゃいけない。もっとこうならなくてはいけない」と。自分のことを否定して、もっともっとと、自分にはないことを求めたのです。その結果、わたし本来の持ち味である、想像力や、枠組みにとらわれない自由な言動に制限がかかってしまい、つまらない人間になってしまいました。

その後、素晴らしい人たちとの出会いにより、わたしは「あるがままのある」を取り戻し、経営コンサルタントとして独立して、今は本当に幸せな毎日を過ごしています。

わたしがいいたいことは、「あなたがどんな人であれ、あなたのままでいい」ということです。そして、**「あるがままのある」あなたを、あなた自身が愛してください。自分を愛せない人が、人を愛することはできません。自分を愛することから始めて、仕事やプライベートでたくさんの愛を引き寄せていきましょう。**

おわりに

わたしは常々、自分のことを「運がいい」人間だと思っています。

とはいっても、人一倍苦労はしていると思いますし、つらい目にもたくさん遭いました。しかもいまだに、自分の人生の未来地図のゴールには到達できていません。それでも、心の底から「運がいい」と思えるのです。

わたしには、幼少のころからとてつもない想像力がありました。自分が欲しいもの、なりたいもののことを明確にイメージして、その都度手に入れるということをしてきました。

ただ、残念ながらわたしの未熟さゆえ、努力を怠ったり、自分本位な考えをしたりで、せっかく手に入れたものを失ってしまった経験も数多くあります。それは本当に悔やまれるのですが、一方で、そんな残念なことですら、その経験があったから今の自分があるという、超ポジティブな考えができているのも事実です。

今回、わたしが本を出版することができたのは、わたしの想像力の強さと運のよさがあったからこそだと思っています。

執筆をしている数カ月、これまでお世話になった多くの方のことを思い出しました。勤めていた会社を辞めようかどうか迷っていたときに背中を押してくれた恩人のこと。この方のおかげで、わたしは本来の自分を取り戻すきっかけを得ることができました。

　また、わたしが経営コンサルタントとして独立をするときに、恩師である中井隆栄先生からは、経営者としての心構えから、本書のベースにもなった経営のノウハウにいたるまで、さまざまなアドバイスをいただきました。先生には、心から感謝を申し上げます。ありがとうございました。

　そして、わたしが独立してからも、たくさんの方が応援してくれました。大阪府中小企業診断協会、大阪中小企業診断士会、兵庫県中小企業診断士協会の関係者の皆様は、独立したての慣れないころからわたしをフォローしてくださり、困ったときには相談にものってくださいました。今も、いろいろな経験を積ませていただいています。感謝の念に堪えません。

　ほかにも、わたしに必要なことが、本当にジャストタイミングでやってきます。そして、その都度、素晴らしい方々との出会いに恵まれ、貴重な経験と学びを得てきました。

　今後は、執筆した本書の内容を、全国の多くのサロンオーナーの皆様に伝えていきたいと思います。また、直接のアドバイスを必要とされる方がいれば、どこにでもコンサルティングを実施すべく出かけていきます。そして、サロンオーナーが、その経営資源を有効に活用して事業が円滑に運営されるよう、全力で支援をしていきます。

最後に、この本を出版するにあたり、株式会社ＢＡＢジャパンの皆様にはたいへんお世話になりました。代表取締役 東口敏郎様、企画出版部 森口敦様、そしていつもわたしに良きアドバイスを与えてくれ、伴走してくれた、編集者の福元美月様。皆様のおかげで、わたしの未来が広がりました。本当にありがとうございました。

令和元年7月吉日

ビューティサロン成功案内人　嶋 えりか

参考文献

『USJを劇的に変えた、たった1つの考え方
成功を引き寄せるマーケティング入門』
森岡毅著　KADOKAWA

『寝ている間も仕事が片づく超能力』
中井隆栄著　幻冬舎

『これはすごい！お客さまがどんどん広がる口コミ応援サイト』
藤山守重著　コスモ21

『自分を不幸にしない13の習慣』
小川忠洋著　ダイレクト出版

『さあ、才能《じぶん》に目覚めよう 新版 ストレングス・ファインダー2.0』
トム・ラス著　日本経済新聞出版社

『ザ・パワー』
ロンダ・バーン著　山川紘矢、山川亜希子、佐野美代子翻訳　角川書店

嶋えりか（しま えりか）

中小企業診断士。経営コンサルタント。合同会社Ｓｈｅｅｐ代表。テーマパーク「ユニバーサル・スタジオ・ジャパン」のＶ字回復期のマーケティング本部、監査法人系の経営コンサルティング会社などを経て、「ビューティサロン成功案内人」という肩書きで活動。幼少時の環境から「美しくなければ好かれない」と外見に強いコンプレックスを持ち、美に対する意識の高さから、ビューティサロンへの関心へとつながり、個人サロン経営の相談を多く引き受ける。サロン（ヘアサロン、エステサロン、ネイルサロン、アロマ、マッサージ、鍼灸、整体、ヒーリング、スピリチュアルなど）のコンサルティング、リサーチ件数はのべ 1,500 件以上。年間 300 件超の個別経営相談のほか、セミナー講師として全国各地で活動中。関西大学社会人学び直し大学院プログラム講師、大阪府よろず支援拠点（経済産業省近畿経済局委託事業）コーディネーター。

公式ホームページ　https://www.sheep-jp.com/

公式メルマガ　https://mail.os7.biz/add/pHIW

お客様を選ぶから お客様から選ばれる

癒やしサロン 美容サロンの
成功バイブル

2019年9月10日　初版第1刷発行

著　者　嶋えりか
発行者　東口敏郎
発行所　株式会社 BAB ジャパン
〒151-0073 東京都渋谷区笹塚 1-30-11　4・5F
TEL　03-3469-0135　　FAX　03-3469-0162
URL　http://www.bab.co.jp/
E-mail　shop@bab.co.jp
郵便振替　00140-7-116767
印刷・製本　中央精版印刷株式会社

ISBN978-4-8142-0228-7 C2077

Illustration　Suetsumu Sato
Design　Kaori Ishii